JN296932

お買い物しながらフランス語

酒巻洋子

SANSHUSHA

小さなお店はune boutique［ユンヌ・ブティック］、大きめの規模のお店はun magasin［アン・マガザン］、さらに大きいデパートはun grand magasin［アン・グラン・マガザン］と、パリには買い物意欲をそそるお店がたくさんある。少なくなってはいるけれど、職人さん（artisan／artisane［アルティザン／アルティザンヌ］）、クリエイター（créateur／créatrice［クレアトゥール／クレアトリス］）、製造業者（fabricant／fabricante［ファブリカン／ファブリカント］）などのお店もまだまだ健在。Atelier［アトリエ］（m.）と書かれた店舗を覗き込んでみれば、奥の作業場で製作する人々の姿が見られるはず。地区によっては、Gros［グロ］（m.）やGrossiste［グロスィスト］と書かれた卸売店がずらりと並んでいるのもパリの風景。

そんなパリを旅行で訪れたなら、パリらしいお洒落な物を手に入れたいと思う人も多いはず。でも悪名高き、愛想のないフランス人に出会う率が高いのも、パリのショッピングならでは。むやみやたらと笑顔を振りまかないパリジャンは、至れり尽くせり

の日本のサービスに慣れた人々にとってギャップが大きすぎるというもの。でも、いくら愛想が悪くても、本当に意地悪な人であることは稀。もしかしたら、ただ機嫌が悪いのかもしれないし、こちらが外国人ということで、ちょっと緊張しているのかもしれない。こちらからフランス語であいさつしてみれば、コロッと機嫌がよくなったり、突然おしゃべりになるのもフランス人の特徴だったりする。

そんな時、ひと言も話さず、買いたい物をただ買うだけならば、フランス人のイメージも"無愛想"で終わってしまうだろう。でも、ちょっとフランス語で話してみれば、近寄りがたいショップの店員さんだって、やたらと世話好きな面白いマダムに変身し得るのだ。そして、欲しかった物以上の物が手に入るかもしれないし、何よりも"パリジャンって実はいい人"な〜んて、素敵な旅の思い出になるかもしれない。さあ、買い物がぐ〜んと楽しくなるフランス語を携えて、とっておきの宝物を探しにパリの街に出発しよう！

はじめに 002

CHAPITRE 1
買い物の基本 007

基本のあいさつ 008
見ているだけです 010
店員さんに声をかける 011
これをいただきます 012
値段を聞く 014
レジに並ぶ 016
プレゼント用です 018

CHAPITRE 2
欲しい物を見つけよう 021

洋服屋さん 022
洋服屋さんにあるもの 028

子供服屋さん 032
子供服屋さんにあるもの 036

靴屋さん 040
靴屋さんにあるもの 044

バッグ屋さん 046
バッグ屋さんにあるもの 050

アクセサリー屋さん 054
アクセサリー屋さんにあるもの 058

化粧品屋さん 062
化粧品屋さんにあるもの 066

香水屋さん 070
香水屋さんにあるもの 074

文房具屋さん 076
文房具屋さんにあるもの 080

手芸用品屋さん 084
手芸用品屋さんにあるもの 088

リネン屋さん 092
リネン屋さんにあるもの 096

食器屋さん 098
食器屋さんにあるもの 102

SOMMAIRE

CHAPITRE 3
好みを伝えよう 107
好みの色を伝える 108
使用されている素材を知る 112
ケアラベルを見てみよう 116
予算を伝える 118
誰にあげるのか伝える 122

CHAPITRE 4
いざ買ってみよう 127
両替をする 128
クレジットカードで払う 130
安売りを活用する 134
免税手続きをする 136
間違えて買ってしまったら 138
盗難に会わないために 140

撮影協力店紹介 142

> ⚠ 本書では、状況に応じて単語に定冠詞、不定冠詞、部分冠詞を明記しています。一見して男性名詞か女性名詞か分からない場合は、男性名詞には (*m.*)、女性名詞には (*f.*) を表記しています。

	男性単数	女性単数	男女複数
定冠詞	le (l')	la (l')	les
不定冠詞	un	une	des
部分冠詞	du (de l')	de la (de l')	

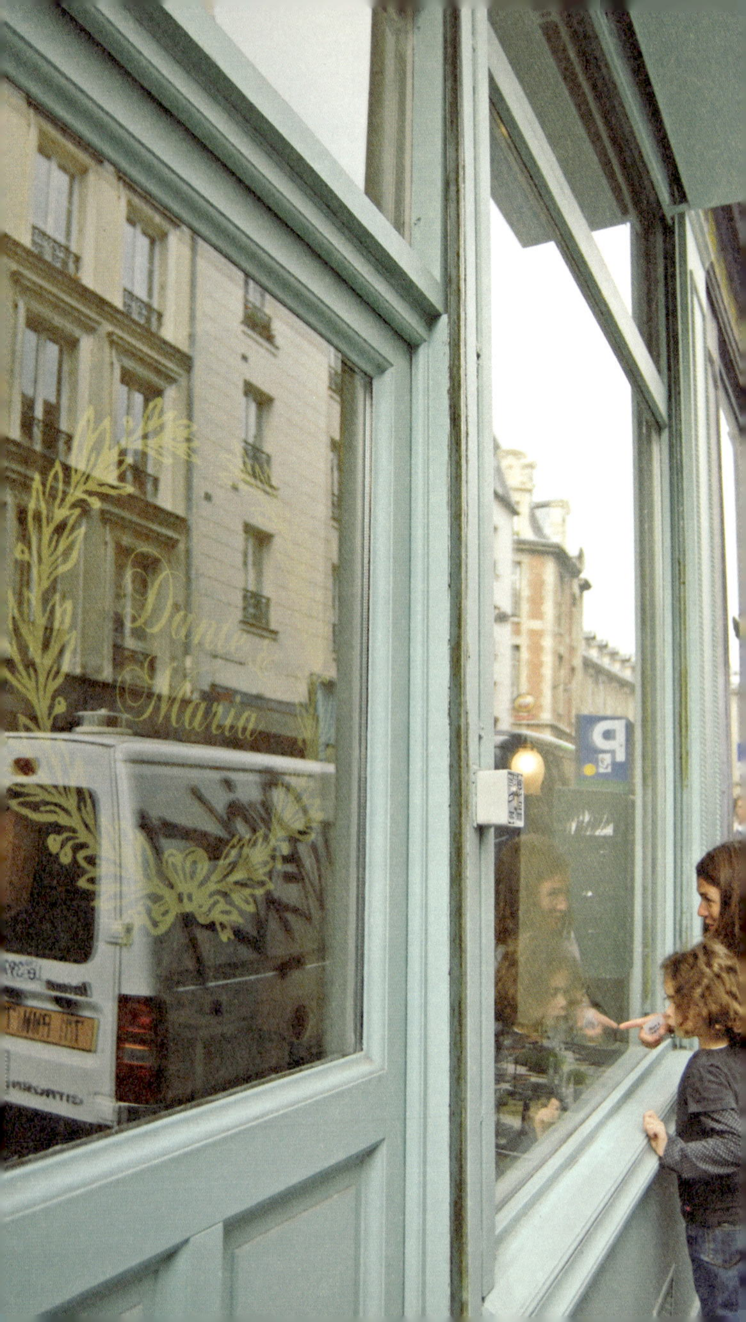
Maria

CHAPITRE

1

買い物の基本

店に入り、欲しい物を買うだけならば、
フランス語をまったく話さなくとも買い物はできる。
でも、ひと言、ふた言、店員さんとやり取りするだけで、
さらに買い物が楽しくなるはず。
最低限知っておきたい、
基本のフランス語をまずは覚えよう！

基本のあいさつ

Bonjour.
[ボンジュール]
こんにちは。

Merci.
[メルスィ]
ありがとう。

Au revoir.
[オーヴォワール]
さようなら。

店に入るときはあいさつをするのがフランスの基本。あいさつを返さない、典型的、無愛想なフランス人もいるけれど、元気に「Bonjour!」と声をかけよう。何も言わずにいると、さらに冷たくあしらわれるのがオチ。高級ブティックなどでガードマンが扉を開けてくれたなら、「Merci.」とひと言。買っても買わなくても、最後は「Au revoir.」と堂々と店を出ること。

> **店の顔、ショーウインドー**
> フランス人はショーウインドー（la vitrine [ラ・ヴィトリーヌ]）を覗き込むのがお好き。閉まっている店でも、まさに舐める（lécher [レシェ]）ようにウインドーショッピングしている（lécher les vitrines [レシェ・レ・ヴィトリーヌ]）姿をよく見かける。だから私たちも負けずに、気になる店のショーウインドーを覗いてみよう。そして、欲しい物が見つかったら、思い切って店の扉を押してみよう。

OUVERT

見ているだけです

店に入ると、店員さんによってはすぐに声をかけてくれる人もいる。

Que désirez-vous? [ク・デズィレ・ヴ]
何にいたしましょうか？

Je regarde juste. [ジュ・ルガルド・ジュスト]
見ているだけです。

Je vous laisse regarder. [ジュ・ヴ・レス・ルガルデ]
ご自由にご覧ください。

Vous souhaitez un renseignement?
[ヴ・スエテ・アン・ランセニュマン]
ご案内をお望みですか？

Non, je n'en ai pas besoin pour le moment.
[ノン、ジュ・ナン・ネ・パ・ブゾワン・プール・ル・モマン]
今のところは結構です。

Si vous le souhaitez, n'hésitez pas à me demander.
[スィ・ヴ・ル・スエテ、ネズィテ・パ・ア・ム・ドゥマンデ]
お望みならば、遠慮せず仰ってくださいね。

ここまで言ってくれたなら、かなり丁寧な店員さん。「Merci!」と言っておこう。

店員さんに声をかける

欲しい物が見つかったり、聞きたいことがあるのならば、店員さんに声をかけよう。

Excusez-moi.
[エクスキューゼ・モワ]
すみません。

または、

S'il vous plaît, madame.
[シル・ヴ・プレ、マダム]
お願いします。

Je voudrais un renseignement.
[ジュ・ヴドレ・アン・ランセニュマン]
ちょっとお聞きしたいのですが。

Un instant. [アン・ナンスタン]
少々お待ちを。

Je m'occupe de vous après cette dame.
[ジュ・モキュプ・ドゥ・ヴ　アプレ・セット・ダム]
このご婦人の後にご用を承ります。

A votre service.
[ア・ヴォトル・セルヴィス]
ご用件を伺いましょう。

買い物は余裕をもって
店員さんが他のお客さんを相手にしているときは、それを差し置いてはやって来てくれない。でも声をかけておけば、前の人が終わったら相手をしてくれる。とはいえ、いくら人が待っていようが、話に花が咲いていたり、他にやることがあるならば、早めに切り上げることをしないのが、おフランス。こちらはひたすら待つか、それが嫌なら買うのをあきらめるしかない。パリでの買い物は時間に追われていてはできないのだ。

これをいただきます

欲しい物が決まったら、店員さんにどれを買いたいのか伝えよう。

Je le prends.
[ジュ・ル・プラン]
これをいただきます。

J'en prends un.
[ジャン・プラン・アン]
それをひとついただきます。

自分の手に持っている物など、特定の物を指すのならば人称代名詞"le (la)"を用い、いくつかある物を指すのならば中性代名詞"en"を用いて後に欲しい数量をつける。

Je voudrais ça.
[ジュ・ヴドレ・サ]
これをください。

Je voudrais acheter ceci.
[ジュ・ヴドレ・アシュテ・ススィ]
これを買いたいです。

"ça"はいろんな物を指差して示すのに便利な指示代名詞。もっと丁寧に言うならば、çaをcela [スラ] (それ)、ceci [ススィ] (これ) に置き換える。

もし買うのを迷ったのならば、

Je réfléchis.
[ジュ・レフレスィ]
考えます。

と即決しなくてもOK。

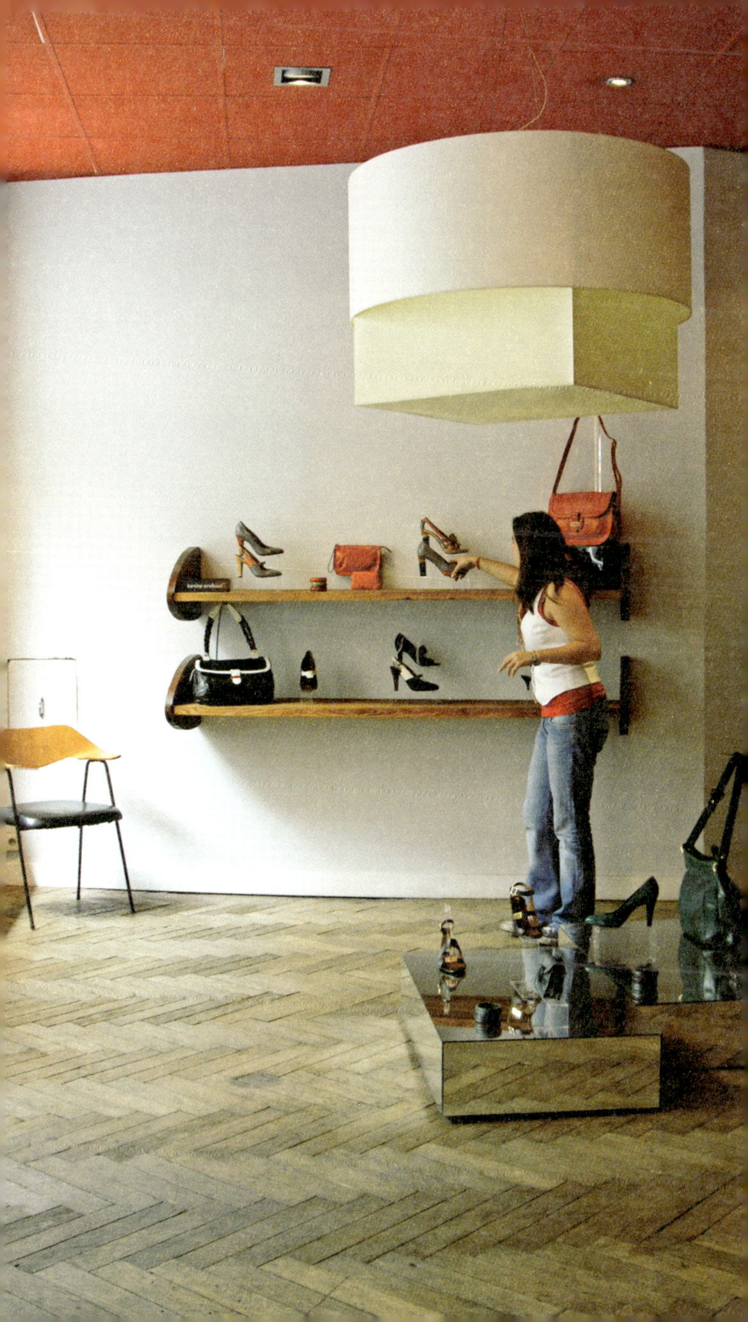

値段を聞く

商品の表も裏も見てみたけれど、値段が分からないという時は聞いてみよう。会計の時にびっくり仰天しないように合計金額もしっかりチェック。

Combien ça coûte? [コンビヤン・サ・クート]
これはいくらですか？

Ça coûte quarante euros. [サ・クート・カラント・ユーロ]
それは40ユーロです。

C'est combien? [セ・コンビヤン]
これはいくらですか？

C'est quel prix? [セ・ケル・プリ]
これはいくらですか？

C'est vingt euros. [セ・ヴァンテューロ]
それは20ユーロです。

Ça fait combien? [サ・フェ・コンビヤン]
合計でいくらですか？

Combien je vous dois? [コンビヤン・ジュ・ヴ・ドワ]
いくらになりますか？

Ça fait cent euros. [サ・フェ・サン・ユーロ]
合計で100ユーロです。

値段が聞き取れないのならば、紙に書いてもらおう。

Pourriez-vous m'écrire ce prix? [プリエ・ヴ・メクリール・ス・プリ]
その値段を書いていただけますか？

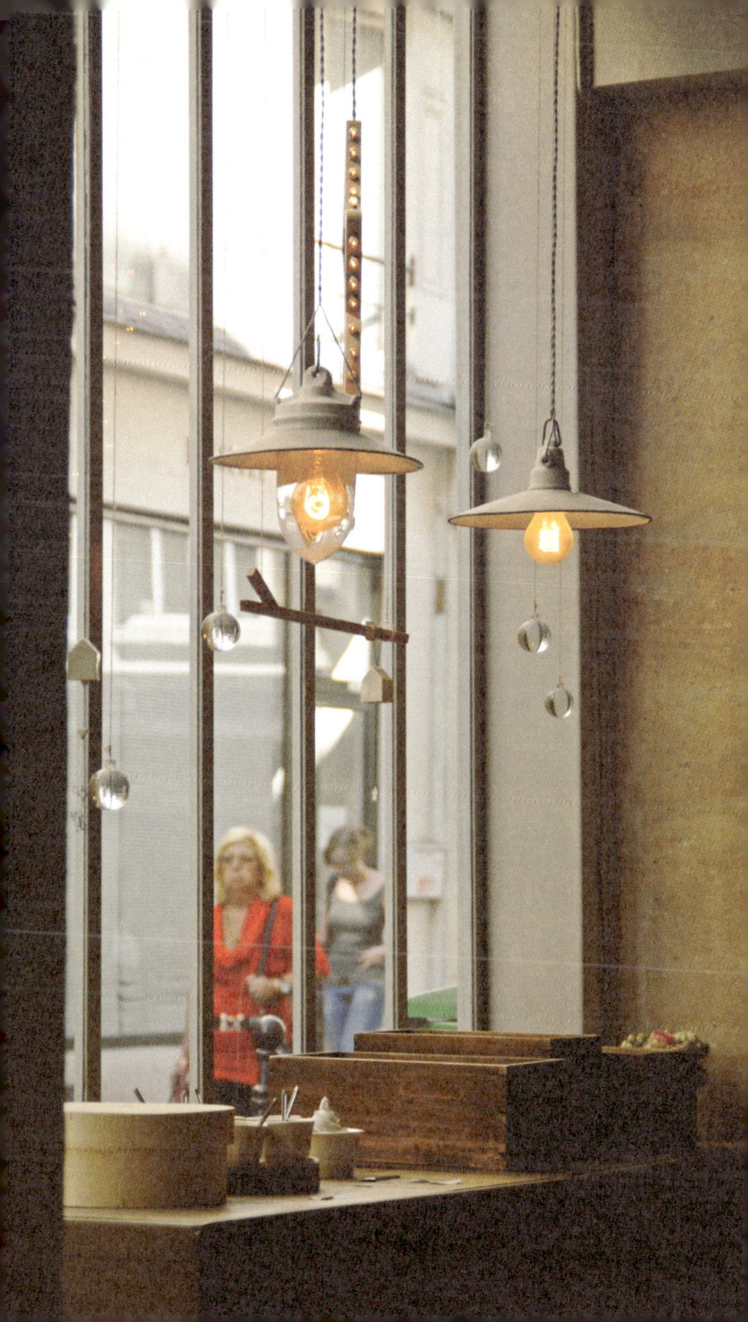

レジに並ぶ

パリの昔ながらの店やデパートでは、伝票だけを先に渡され、会計はレジで行い、その間に商品は包装され、後で受け取るというパターンもある。

Où est la caisse?
[ウ・エ・ラ・ケス]
レジはどこですか？

A gauche, au fond du rayon.
[ア・ゴーシュ、オ・フォン・デュ・レイヨン]
左手、売り場の奥です。

A droite, juste à côté.
[ア・ドロワット、ジュスト・ア・コテ]
右手、すぐ隣です。

と、大きな店でレジの場所が分からなければ聞いてみよう。頭上に"CAISSE"の表示がある店もある。

A qui le tour?
[ア・キ・ル・トゥール]
どなたの番ですか？

C'est à moi.
[セタ・モワ]
私の番です。

レジの前で人が並んでいるならば、後ろに並んで自分の番を待とう。割り込みしてくるおばちゃんがいたら、自分が先だということをしっかり主張すべし。

J'étais avant vous.
[ジェテ・アヴァン・ヴ]
私はあなたより先にいました。

Faites la queue.
[フェトゥ・ラ・ク]
並んでください。

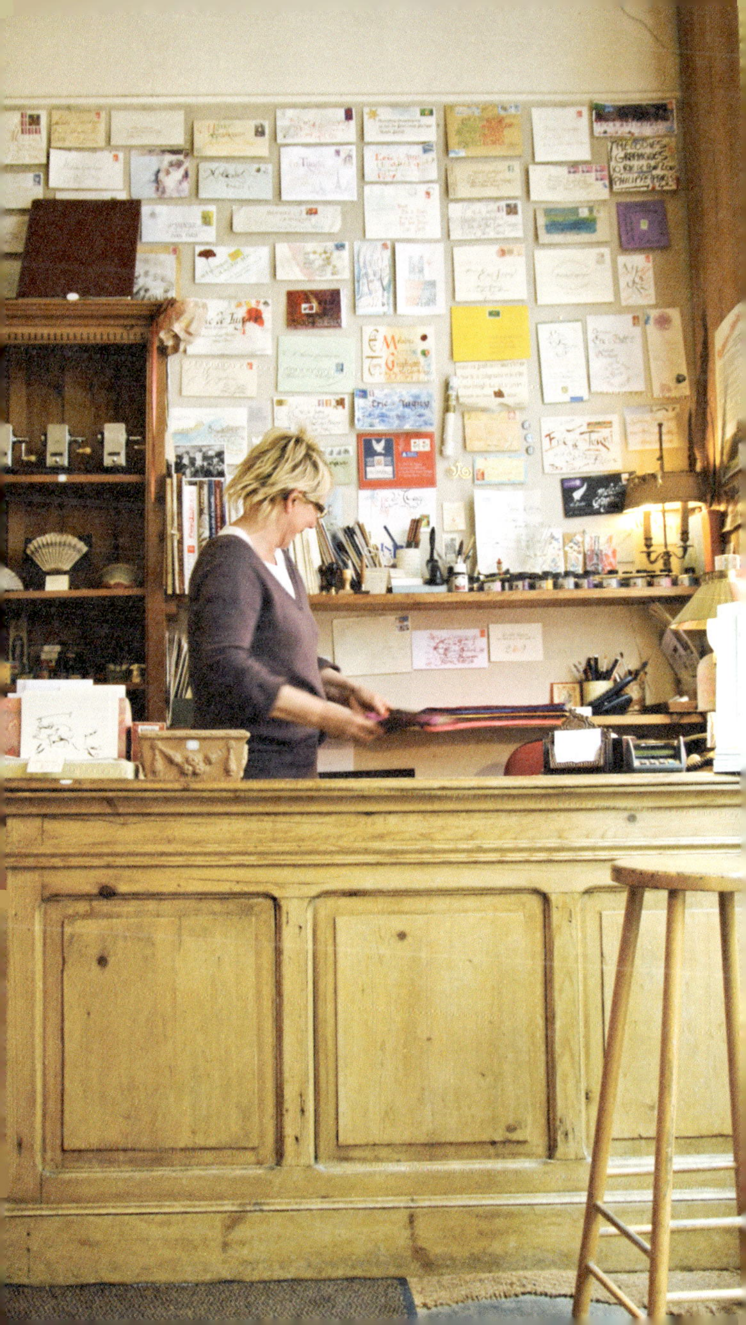

プレゼント用です

店によっては先に聞いてくれるところもあるし、聞かれなくてもプレゼントならばお願いしちゃおう。素敵なラッピングをしてくれるはず。

C'est pour offrir?
[セ・プーロフリル]
贈り物ですか?

C'est pour un cadeau.
[セ・プール・アン・カドー]
プレゼント用です。

Pourriez-vous me faire un paquet-cadeau?
[プリエ・ヴ・ム・フェール・アン・パケ・カドー]
プレゼント用に包装していただけますか?

un petit paquet-cadeau [アン・プティ・パケ・カドー]（ちょっとした包装）やun joli paquet [アン・ジョリ・パケ]（素敵な包装）などと、形容詞をつけてみても。いくつかの商品を個別に包んでもらうことも可能。

Emballez-les séparément, s'il vous plaît.
[アンバレ・レ・セパレマン、シル・ヴ・プレ]
別々に包んでください。

Je mets un petit ruban sur le paquet?
[ジュ・メ・アン・プティ・リュバン・スュル・ル・パケ]
包装の上にちょっとリボンをおつけしましょうか?

Oui, merci.
[ウィ、メルスィ]
ええ、ありがとう。

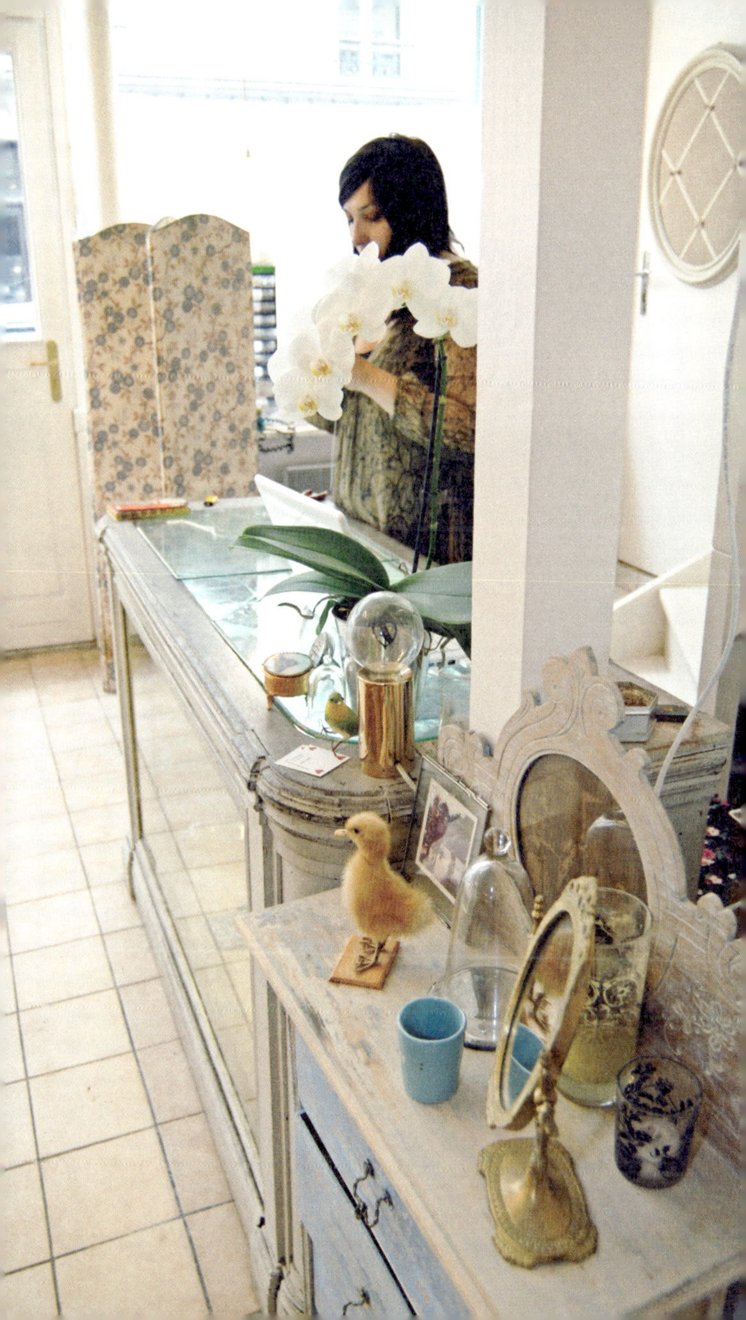

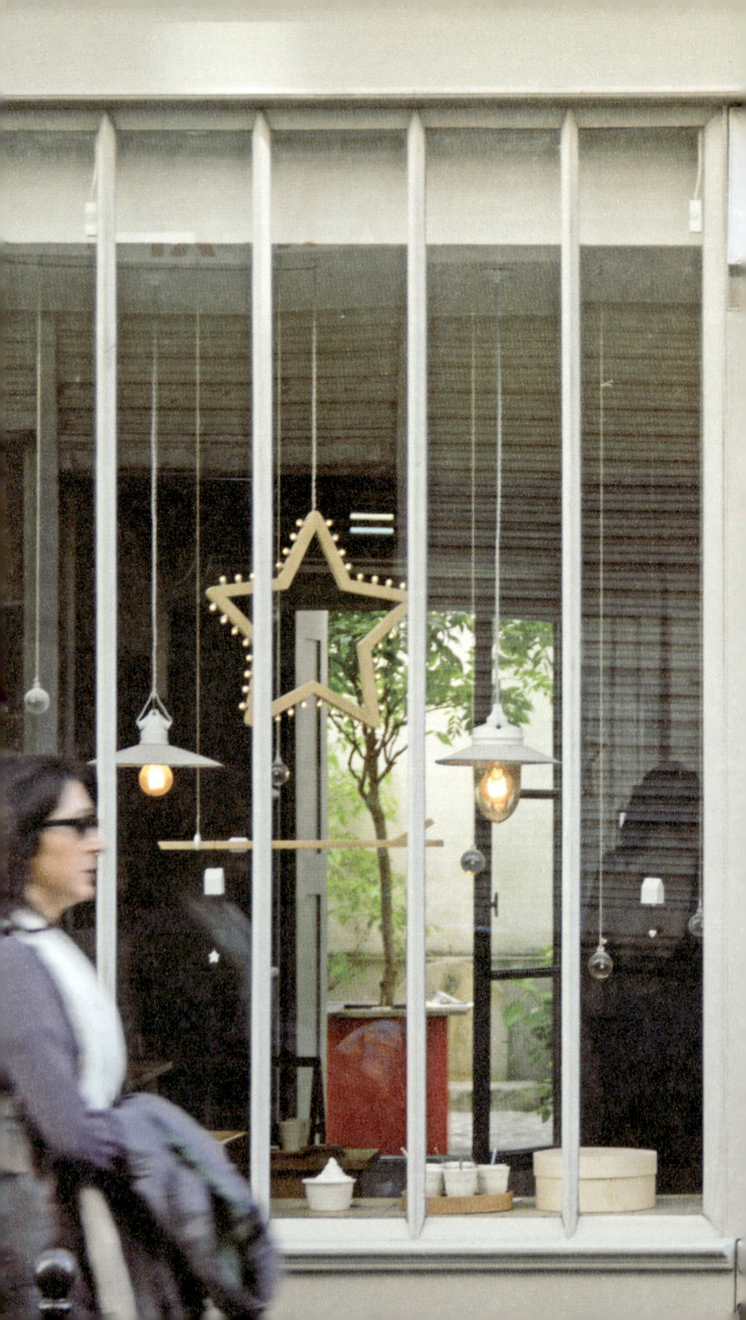

CHAPITRE
2
欲しい物を見つけよう

専門店の店員さんたちは、扱う商品を熟知したプロなのだから、
味方につけない手はない。
欲しい物がすでに決まっていたとしても、
店員さんとのやりとりで、
思いがけない掘り出し物が見つかるかも。
専門店別に何があるか見てみよう！

洋服屋さん
Le magasin de vêtements [ル・マガザン・ドゥ・ヴェトマン]

Vous désirez, mademoiselle?
[ヴ・デズィレ、マドモワゼル]
何にいたしましょうか？

Je voudrais essayer cette robe.
[ジュ・ヴドレ・エセイエ・セット・ローブ]
このワンピースを試着したいのですが。

Quelle taille faites-vous?
[ケル・ターイユ・フェット・ヴ]
服のサイズはいくつですか？

Je fais du trente-huit.
[ジュ・フェ・デュ・トランテュイット]
38です。

Voilà. Entrez dans la cabine.
[ヴォワラ。アントレ・ダン・ラ・カビーヌ]
どうぞ。試着室にお入りください。

S'il vous plaît, madame.
[シル・ヴ・プレ、マダム]
お願いします。

Ce n'est pas ma taille.
[ス・ネ・パ・マ・ターイユ]
サイズが合いません。

Elle est un peu petite pour moi.
[エレ・アン・プ・プティット・プール・モワ]
ちょっと小さいです。

Avez-vous la taille au-dessus?
[アヴェ・ヴ・ラ・ターイユ・オ・ドゥスュ]
ひとつ上のサイズはありますか？

Oui, je vous l'apporte tout de suite.
[ウィ、ジュ・ヴ・ラポルト・トゥー・ドゥ・スュイット]
ええ、すぐにお持ちします。

C'est votre taille. Elle vous va très bien.
[セ・ヴォトル・ターイユ。エル・ヴ・ヴァ・トレ・ビヤン]
ぴったりですね。とてもよくお似合いですよ。

C'est vrai? Bon alors, je la prends.
[セ・ブレ？ ボン・アロール、ジュ・ラ・ブラン]
本当に？ じゃ、これをいただきます。

洋服屋さん

【 Je voudrais essayer 〜. 】[ジュ・ヴドレ・エセイエ]
〜を試着したい。

服や靴の試着以外にも、味見など、何か試してみたいときに使えるフレーズ。後ろに試してみたいものの名詞をつけるのだけれど、単語が分からなければ "ça [サ]" と指差してもOK。

【 Quelle taille faites-vous? 】[ケル・ターイユ・フェット・ヴ]
服のサイズはいくつですか?

Je fais du 〜. [ジュ・フェ・デュ] (サイズは〜です)で答える。サイズ表記があってもメーカーなどによって大きさはまちまち。la taille au-dessus [ラ・ターイユ・オ・ドゥスュ] (ひとつ上のサイズ)、la taille au-dessous [ラ・ターイユ・オ・ドゥスー] (ひとつ下のサイズ)、plus grande taille [プリュ・グランド・ターイユ] (もっと大きいサイズ)、plus petite taille [プリュ・プティット・ターイユ] (もっと小さなサイズ)など、希望の大きさを伝えよう。ウエスト回りは le tour de taille [ル・トゥール・ドゥ・ターイユ]。

【 la taille 】[ラ・ターイユ]　サイズ

Vêtement de femme (婦人服)

日本(号)	5	7	9	11	13	15	17	19
フランス	34	36	38	40	42	44	46	48

Vêtement d'homme (紳士服)

シャツ (首まわり)

日本(cm)	36	37	38	39	40	41	42
フランス	36	37	38	39	40	41	42

上着

日本	XS	S	M	L	XL	XXL
フランス	40/42	44/46	48/50	52/54	56/58	60/62

パンツ (ウエスト)

日本(cm)	68/72	73/76	77/80	81/84	85/88	89/92	93/96	97/100	101/104
フランス	36	38	40	42	44	46	48	50	52

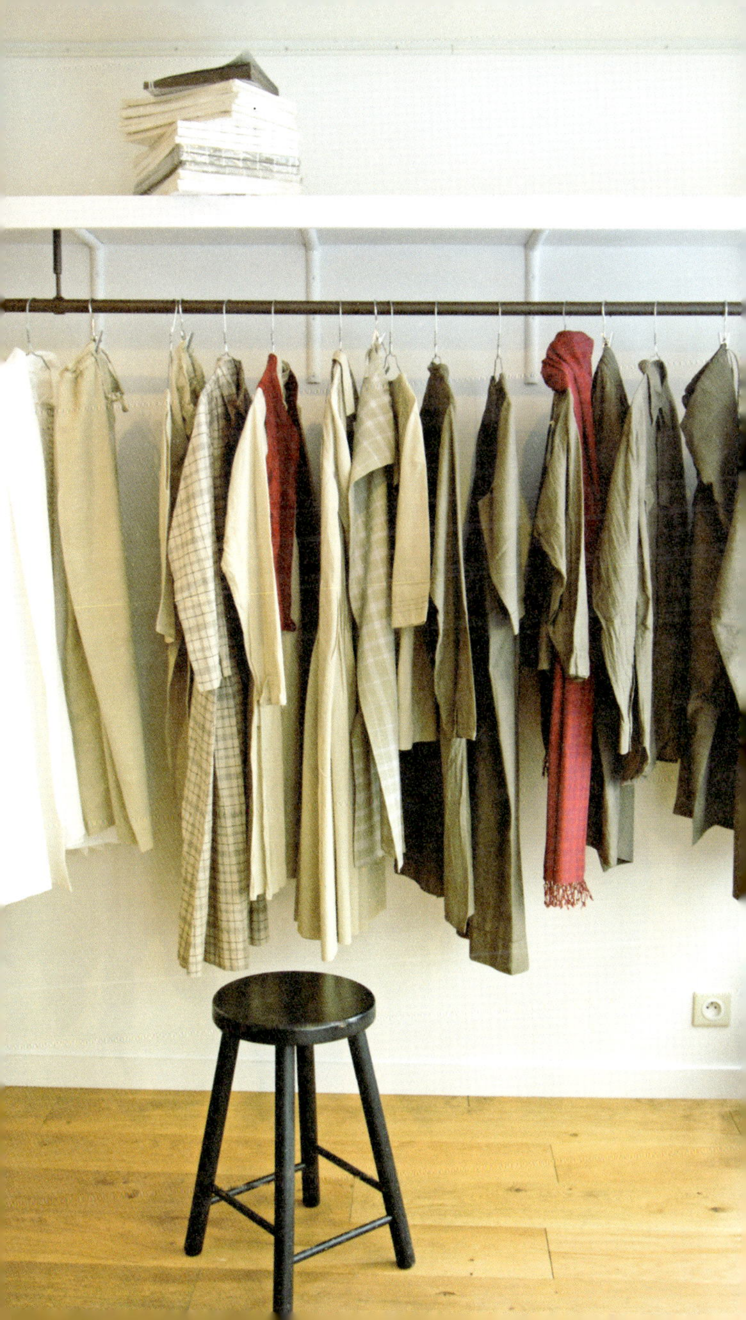

洋服屋さん

【 Elle est un peu petite pour moi. 】
[エレ・アン・プ・プティット・プール・モワ]
ちょっと小さいです。

この場合の主語はrobeの女性名詞のため、"Elle est petite. [エレ・プティット] (それは小さい)"。主語が男性名詞ならば、"Il est petit. [イレ・プティ]" と形容詞も男性形になる。他にgrand／grande [グラン／グラーンド] (大きい)、court／courte [クール／クルト] (短い)、long／longue [ロン／ロング] (長い) などとつけられる。

Les manches sont très longues.
[レ・マンシュ・ソン・トレ・ロング]
袖がとても長いです (※袖は複数形)。

Le pantalon est trop court.
[ル・パンタロン・エ・トロ・クール]
ズボンが短すぎます。

【 Elle vous va. 】 [エル・ヴ・ヴァ]　お似合いです。

aller à ～ [アレ・ア] (～に似合う)、aller avec ～ [アレ・アヴェク] (～と合う) と言う。サイズが合うと言う意味にも。男性名詞ならばIl vous va. [イル・ヴ・ヴァ]。

Cette couleur me va bien? [セット・クルール・ム・ヴァ・ビヤン]
この色は私に似合いますか？

Est-ce que ce chemisier va avec cette jupe?
[エ・ス・ク・ス・シュミズィエ・ヴァ・アヴェク・セット・ジュプ]
このブラウスはこのスカートと合いますか？

洋服屋の種類

洋服屋とひと言で言っても、実際にはさまざまな種類がある。婦人服仕立店は maison de couture [メゾン・ドゥ・クチュール] (f.)、紳士服仕立店は tailleur [タイユール] (m.)。オーダーメイドならば sur mesure [スュル・ムズュール]、 高級仕立服は haute couture [オート・クチュール] (f.)、高級既製服は prêt-à-porter [プレタ・ポルテ] (m.)、ブランドは marque [マルク] (f.)。ランジェリー屋は lingerie [ランジュリ] (f.)、セレクトショップは concept store [コンセプト・ストール] (m.)。

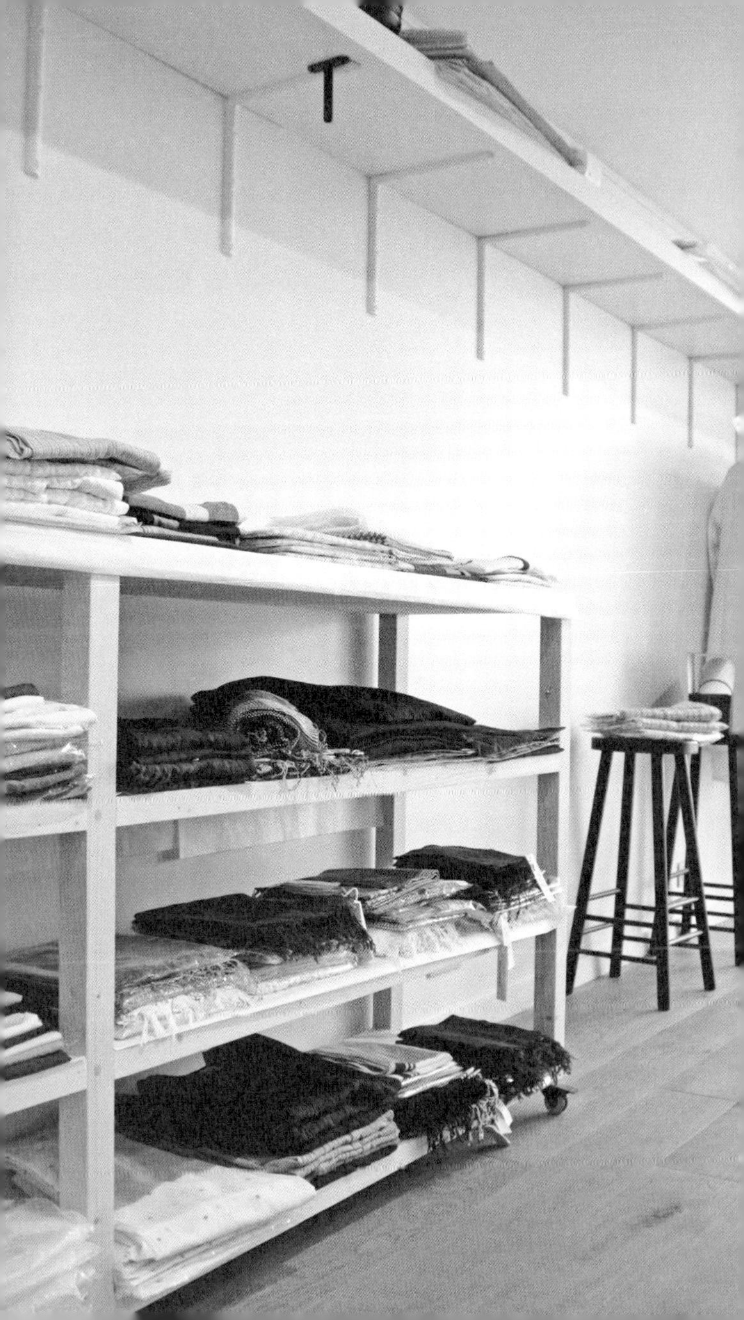

洋服屋さんにあるもの

【 les vêtements 】 [レ・ヴェトマン] (*m.*)　衣服

vêtement de femme [ヴェトマン・ドゥ・ファム]　婦人服
vêtement d'homme [ヴェトマン・ドム]　紳士服
vêtement de future maman [ヴェトマン・ドゥ・フュテュール・ママン]　妊婦服

T-shirt [ティ・シュルト] (*m.*)　Tシャツ
chemise [シュミーズ] (*f.*)　シャツ
chemisier [シュミズィエ] (*m.*)　ブラウス
blouse [ブルーズ] (*f.*)　被るブラウス
pull [プル] (*m.*)　セーター
sweat-shirt [スウェート・シュルト] (*m.*)　トレーナー
veste [ヴェスト] (*f.*)　ジャケット
manteau [マントー] (*m.*)　コート

pantalon [パンタロン] (*m.*)　ズボン
pantacourt [パンタクール] (*m.*)　ひざ下丈のズボン
jean [ジーン] (*m.*)　ジーンズ
short [ショルト] (*m.*)　ショートパンツ
jupe [ジュプ] (*f.*)　スカート
robe [ローブ] (*f.*)　ワンピース
costume [コステューム] (*m.*)　スーツ

cravate [クラヴァット] (*f.*)　ネクタイ
écharpe [エシャルプ] (*f.*)　マフラー
foulard [フラール] (*m.*)　スカーフ
étole [エトール] (*f.*)　ストール
gant [ガン] (*m.*)　手袋
chapeau [シャポー] (*m.*)　縁のついた帽子
bonnet [ボネ] (*m.*)　縁のない帽子
casquette [カスケット] (*f.*)　ひさしつきの帽子

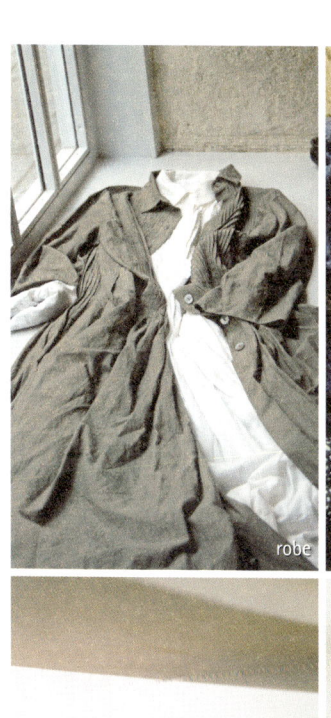

robe

foulard

étole

chemisier

洋服屋さんにあるもの

pyjama [ピジャマ] (m.)　パジャマ
chaussette [ショセット] (f.)　靴下
leggings [レギンス] (f.)　レギンス
collant [コラン] (m.)　パンティーストッキング、タイツ
bas [バ] (m.)　ストッキング

soutien-gorge [スティヤン・ゴルジュ] (m.)　ブラジャー
brassière [ブラスィエール] (f.)　スポーツブラ、ジュニア用ブラ
slip [スリップ] (m.)　ショーツ、ブリーフ
caleçon [カルソン] (m.)　トランクス
maillot de bain [マイヨ・ドゥ・バン] (m.)　水着
bikini [ビキニ] (m.)　ビキニ

衣服の部分名称あれこれ

manche [マンシュ] (f.)　袖
manche longue [マンシュ・ロング] (f.)　長袖
manche courte [マンシュ・クルト] (f.)　半袖
col [コル] (m.)　襟
décolleté [デコルテ] (m.)　襟あき
encolure [アンコリュール] (f.)　襟ぐり
zip [ズィプ] (m.)　ジッパー
bouton [ブトン] (m.)　ボタン
poche [ポッシュ] (f.)　ポケット
capuche [カピュッシュ] (f.)　フード

chemise

子供服屋さん
Le magasin de vêtements d'enfant [ル・マガザン・ドゥ・ヴェトマン・ダンファン]

Voulez-vous un renseignement?
[ヴレ・ヴ・アン・ランセニュマン]
ご案内しましょうか？

Oui, je cherche une grenouillère pour ma petite nièce.
[ウィ、ジュ・シェルシュ・ユンヌ・グルヌイエール・プール・マ・プティット・ニエス]
ええ、小さな姪っ子にカバーオールを探しています。

Quel âge a votre nièce?
[ケラージュ・ア・ヴォトル・ニエス]
姪御さんはおいくつですか？

Elle a bientôt un an.
[エラ・ビヤント・アン・ナン]
もうすぐ1歳です。

Je pense qu'elle est un peu plus grande que la normale.
[ジュ・パンス・ケレ・アン・プ・プリュ・グランド・ク・ラ・ノルマル]
標準よりも少し大きいと思います。

Si elle est plus grande que la moyenne, il vaut mieux choisir un haut et un pantalon séparément.
[スィ・エレ・プリュ・グランド・ク・ラ・モワイエンヌ、イル・ヴォ・ミュー・ショワズィル・アン・オ・エ・アン・パンタロン・セパレマン]
平均よりも大きいのならば、上下別々にお選びになった方がいいですよ。

D'accord. Pourriez-vous me conseiller sur un ensemble pour un bébé d'un an.
[ダコール、プリエ・ヴ・ム・コンセイエ・スュル・アン・ナンサンブル・プール・アン・ベベ・ダンナン]
分かりました。1歳児用の上下セットを勧めていただけますか？

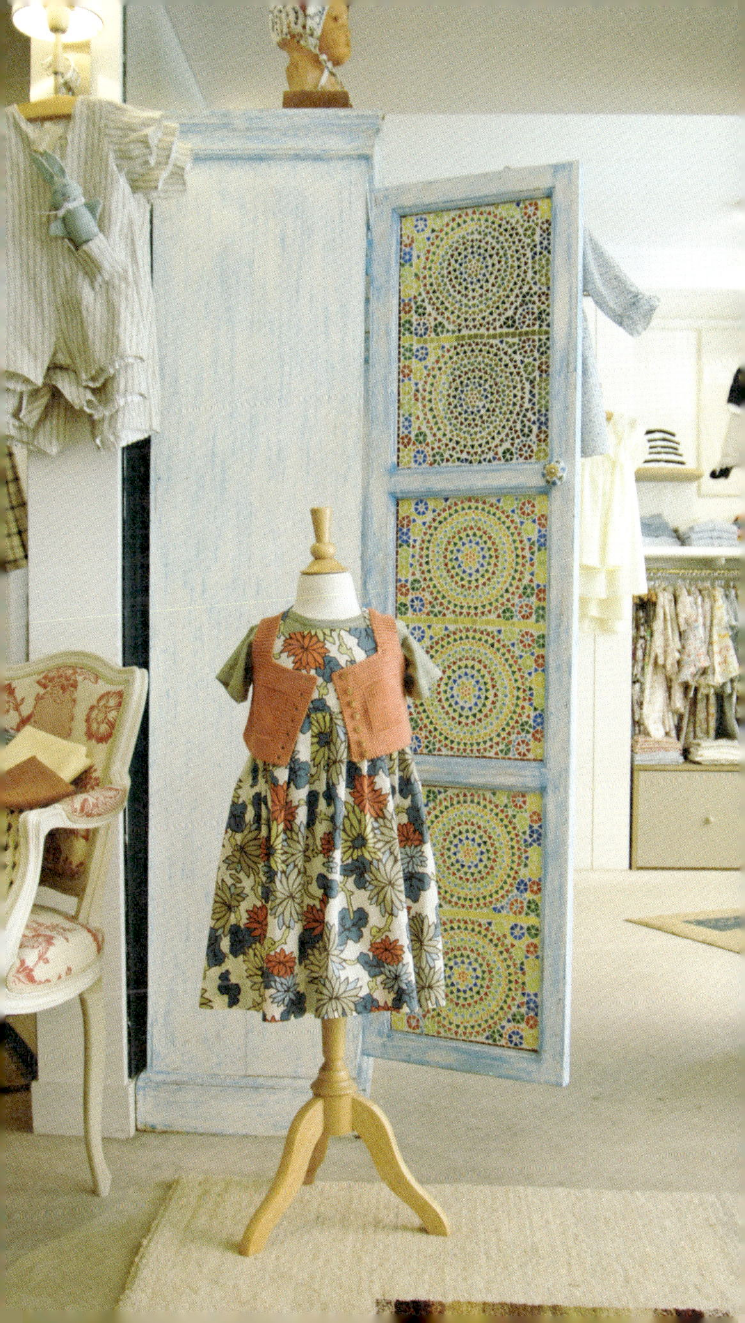

子供服屋さん

【 Je cherche ～ 】 [ジュ・シェルシュ] ～を探しています。

欲しい物が決まっているのならば、先に伝えよう。

Je voudrais acheter un bavoir.
[ジュ・ヴドレ・アシュテ・アン・バヴォワール]
よだれ掛けを買いたいのですが。

【 Quel âge a ～ ? 】 [ケラージュ・ア] ～はおいくつですか？

フランスの子供服のサイズは年齢表記。男の子ならば、Quel âge a-t-il? [ケラージュ・ア・ティル]、またはIl a quel âge? [イラ・ケラージュ] と聞かれる。

【 avoir ～ ans 】 [アヴォワール・～・アン] ～歳

1歳未満の赤ちゃんならば ～ mois [モワ] (m.) (～カ月) とも答えられる。生まれたては nouveau-né(e) [ヌーヴォー・ネ]。

Il a trois mois. [イラ・トロワ・モワ]
彼は3カ月です。

Il est nouveau-né. [イレ・ヌーヴォー・ネ]
彼は生まれたばかりです。

【 Il vaut mieux choisir ～ 】 [イル・ヴォ・ミュー・ショワズィール]
～を選んだ方がいいですよ。

Qu'est ce que je dois choisir? [ケ・ス・ク・ジュ・ドワ・ショワズィール] (何を選ぶべきですか？) など、プロの意見はしっかり聞こう。

Je vous conseille un ensemble, par exemple, comme celui-ci. [ジュ・ヴ・コンセイユ・アン・ナンサンブル、パール・エグザーンプル、コム・スリュイ・スィ]
上下セットをお勧めします。たとえばこのようなね。

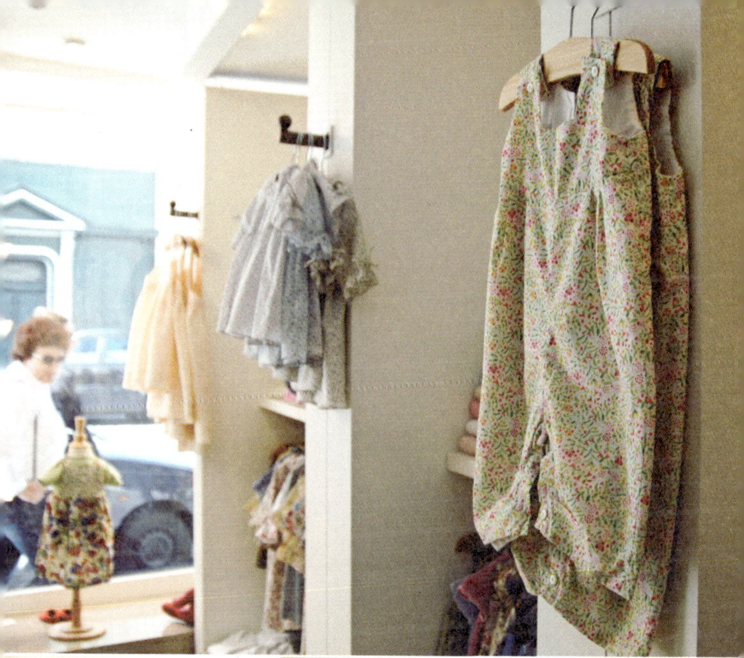

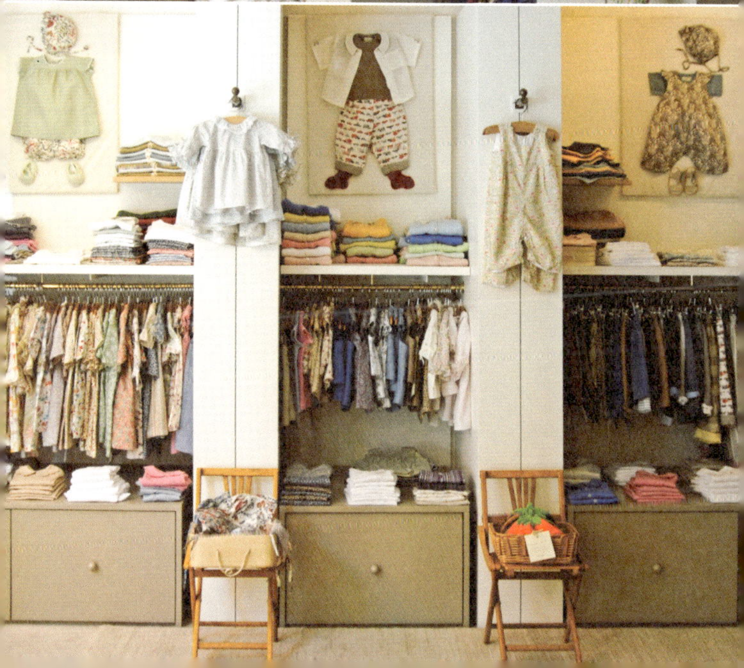

子供服屋さんにあるもの

【 les vêtements d'enfant 】 [レ・ヴェトマン・ダンファン] (*m.*) 子供服

vêtement de bébé [ヴェトマン・ドゥ・ベベ] ベビー服
vêtement de fille [ヴェトマン・ドゥ・フィーユ] 女児服
vêtement de garçon [ヴェトマン・ドゥ・ガルソン] 男児服
vêtement d'adolescence (=ado) [ヴェトマン・ダドレサンス (アド)]
　14〜18歳の子供服

T-shirt [ティ・シュルト] (*m.*) Tシャツ
chemise [シュミーズ] (*f.*) シャツ
chemisier [シュミズィエ] (*m.*) ブラウス
blouse [ブルーズ] (*f.*) 被るブラウス
polo [ポロ] (*m.*) ポロシャツ
pull [プル] (*m.*) セーター
cardigan [カルディガン] (*m.*) カーディガン
brassière [ブラスィエール] (*f.*) 胴着
gilet [ジレ] (*m.*) ベスト

robe [ローブ] (*f.*) ワンピース
robe de baptême [ローブ・ドゥ・バテム] (*f.*) 洗礼用ドレス
jupe [ジュプ] (*f.*) スカート
pantalon [パンタロン] (*m.*) ズボン
jean [ジーン] (*m.*) ジーンズ
salopette [サロペット] (*f.*) オーバーオール
combinaison [コンビネゾン] (*f.*) つなぎ、オーバーオール

barboteuse [バルボトゥーズ] (*f.*) ロンパース
grenouillère [グルヌイエール] (*f.*) 足つきカバーオール
ensemble [アンサンブル] (*m.*) 上下セット
gigoteuse [ジゴトゥーズ] (*f.*) 赤ちゃん用寝袋
body [ボディ] (*m.*) 赤ちゃん用ボディスーツ (肌着)
layette [レイエット] (*f.*) 産着
bloomer [ブルメール] (*m.*) ブルマー

- blouse
- pull
- chemisier
- robe de baptême
- gilet / robe
- T-shirt
- polo
- salopette

子供服屋さんにあるもの

bavoir [バヴォワール] (*m.*) よだれ掛け
porte-bébé [ポルト・ベベ] (*m.*) ベビーキャリー
chancelière [シャンスリエール] (*f.*) おくるみ
béguin [ベガン] (*m.*) リボンで結ぶ形の赤ちゃんの帽子
bonnet [ボネ] (*m.*) 縁のない帽子
chausson [ショソン] (*m.*) 上履き、スリッパ
chaussure d'enfant [ショスュール・ダンファン] (*f.*) 子供靴

【 la taille 】 [ラ・ターイユ] サイズ

Vêtement de bébé（ベビー服）

日本（身長cm）	50	54	60	67	71	74	81	86
フランス（年齢）	N/50	1M	3M	6M	9M	12M	18M	24M

（N = naissance（新生児）、M = mois（〜カ月））

Vêtement d'enfant（子供服）

日本（身長cm）	83/89	90/97	98/104	105/110	111/116	117/122
フランス（年齢）	2A	3A	4A	5A	6A	7A

日本（身長cm）	123/128	129/134	135/140	141/152
フランス（年齢）	8A	9A	10A	12A

（A = ans（〜歳））

Vêtement d'ado fille（女児服）

日本（身長cm）	153/158	159/164	168
フランス（年齢）	14A	16A	18A

Vêtement d'ado garçon（男児服）

日本（身長cm）	153/164	165/176	180
フランス（年齢）	14A	16A	18A

- bavoir
- combinaison
- chaussons
- béguin
- bloomer
- chaussures d'enfant
- grenouillère
- bonnet

靴屋さん
Le magasin de chaussures [ル・マガザン・ドゥ・ショスュール]

Excusez-moi, monsieur.
[エクスキューゼ・モワ、ムスィユー]
すみません。

Ces chaussures, elles me plaisent beaucoup.
[セ・ショスュール、エル・ム・プレーズ・ボークー]
この靴がとても気に入ったのですが。

Avez-vous ce modèle en pointure trente-six?
[アヴェ・ヴ・ス・モデール・アン・ポワンテュール・トラント・スィス]
これの36サイズはありますか？

Oui. Asseyez-vous.
[ウィ。アセイエ・ヴ]
ええ。お座りください。

Il me semble qu'elles me serrent un peu.
[イル・ム・サンブル・ケル・ム・セル・アン・プ]
ちょっときつい気がするのですが。

Essayez de marcher. Vous sentez encore qu'elles vous serrent?
[エセイエ・ドゥ・マルシェ。ヴ・サンテ・アンコール・ケル・ヴ・セル]
歩いてみてください。まだきつく感じますか？

Oui, elles me touchent les pointes des pieds.
[ウィ、エル・ム・トゥシュ・レ・ポワントゥ・デ・ピエ]
つま先があたります。

Il vous faut une demi-pointure de plus.
[イル・ヴ・フォ・ユンヌ・ドゥミ・ポワンテュール・ドゥ・プリュス]
もう半サイズ大きいものが必要ですね。

Celles-ci sont parfaites!
[セル・スィ・ソン・パルフェット]
今度のはぴったりだわ！

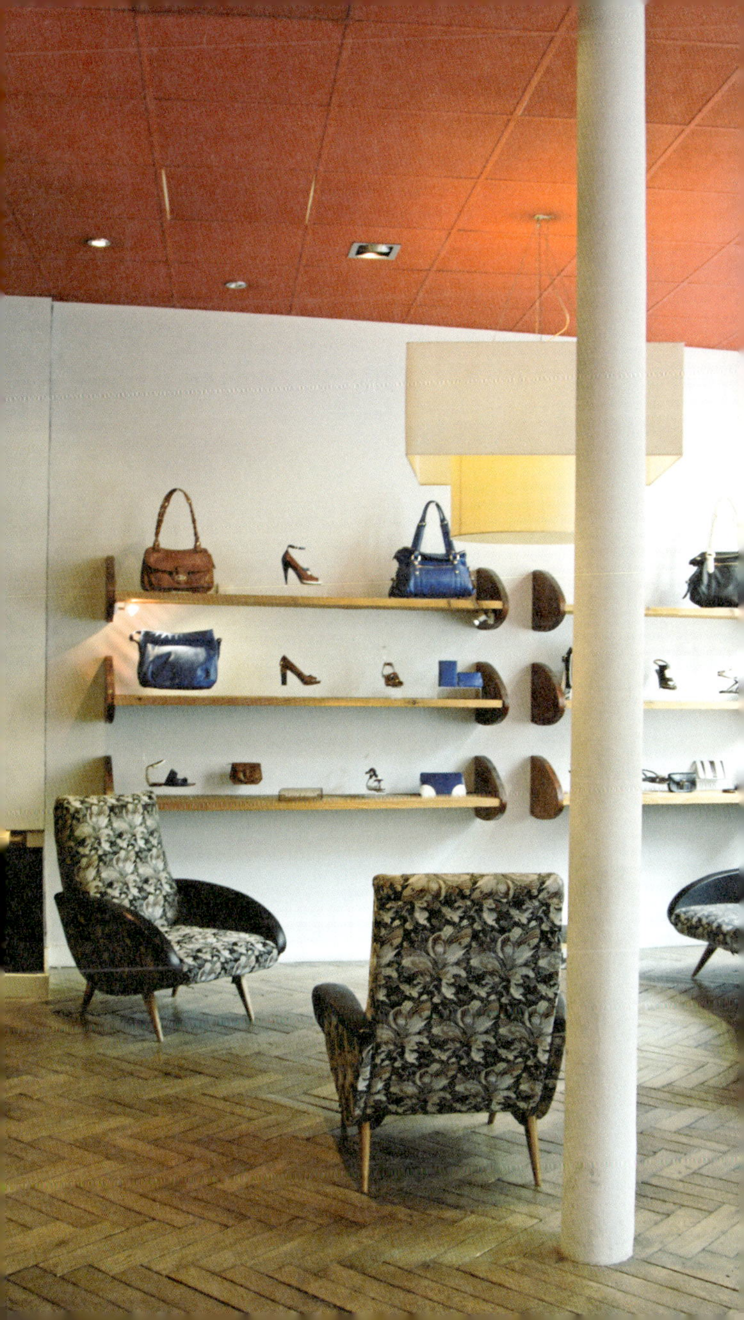

靴屋さん

【 Elles me plaisent. 】 [エル・ム・プレーズ]　気に入りました。

J'aime sa forme. [ジェム・サ・フォルム]（この形が好きです）やCette couleur me plaît. [セット・クルール・ム・プレ]（この色が気に入りました）と伝えれば、お店の人もはりきって説明してくれるはず。

Cette décoration ne me plaît pas beaucoup.
[セット・デコラスィヨン・ヌ・ム・プレ・パ・ボークー]
この装飾はあまり好きではありません。

【 une pointure 〜 】 [ユンヌ・ポワンテュール]　1サイズ〜

靴や手袋などのサイズはla pointure [ラ・ポワンテュール]。半サイズ上はune demi-pointure de plus [ユンヌ・ドゥミ・ポワンテュール・ドゥ・プリュス]、1サイズ下はune pointure de moins [ユンヌ・ポワンテュール・ドゥ・モワン]。メーカーによって表示サイズの大きさは若干異なる。サイズを聞かれるのは、

Quelle pointure faites-vous? [ケル・ポワンテュール・フェット・ヴ]
サイズはおいくつですか？

Vous chaussez du combien? [ヴ・ショセ・デュ・コンビヤン]
どのサイズをお履きですか？

Je fais(chausse) du trente-six et demi.
[ジュ・フェ（ショス）・デュ・トラント・スィス・エ・ドゥミ]
36.5サイズです。

【 la pointure 】 [ラ・ポワンテュール]　靴のサイズ

Chaussures de femme（婦人靴）

日本(cm)	22.5	23	23.5	24	24.5	25	25.5
フランス	35	35.5	36	36.5	37	37.5	38

Chaussures d'homme（紳士靴）

日本(cm)	24.5	25	25.5	26	26.5	27	27.5
フランス	39	40	41	42	43	44	45

Chaussures d'enfant（子供靴）

日本(cm)	9.7	10.3	11	11.6	12.3	13	13.6	14.3	15	15.6
フランス	16	17	18	19	20	21	22	23	24	25
日本(cm)	16.3	17	17.6	18.3	19	19.6	20.3	21	21.6	
フランス	26	27	28	29	30	31	32	33	34	

【 Elles me serrent. 】 [エル・ム・セル]　きついです。

Ellesとはles chaussuresのことで、直訳すると"靴は私を締めつける"ということ。例文中のplaire（好かれる）、toucher（触れる）などの他動詞は、会話のメインとなる物（この場合はchaussures）を主語として私（me）を目的語にとる、能動態を作ることが多い。

Les escarpins à talon me fatiguent.
[レゼスカルパン・ア・タロン・ム・ファティグ]
ヒールのパンプスは疲れます。

脚の他の部分を言うなら、かかとはle talon [ル・タロン]、足の裏はla plante du pied [ラ・プラント・デュ・ピエ]、足の甲はle cou-de-pied [ル・ク・ドゥ・ピエ]、ふくらはぎはle mollet [ル・モレ] など。気になるところを指差すだけでもOK。

J'ai mal ici.
[ジェ・マル・イスィ]
ここが痛いです。

靴屋さんにあるもの

【 les chaussures 】 [レ・ショスュール] (f.)　靴

escarpin [エスカルパン] (m.)　パンプス
escarpin à talon [エスカルパン・ア・タロン] (m.)　ヒールのあるパンプス
sandale [サンダル] (f.)　サンダル
sandale plate [サンダル・プラット] (f.)　ヒールのないサンダル
mule [ミュール] (f.)　ミュール
tong [トング] (m.)　トングサンダル、ビーチサンダル
spartiate [スパルティアト] (f.)　革を編んだようなボーンサンダル
ballerine [バルリーヌ] (f.)　バレリーナシューズ
ballerine en toile [バルリーヌ・アン・トワル] (f.)　布製バレリーナシューズ
sabot [サボ] (m.)　木靴、サボ
mocassin [モカサン] (m.)　モカシン

chaussure de sport [ショスュール・ドゥ・スポール] (f.)　スポーツシューズ
basket [バスケット] (m.)　バスケットシューズ
jogger [ジョゲール] (m.)　ジョギングシューズ
derby [デルビ] (m.)　ダービー靴
botte [ボット] (f.)　ブーツ
boots [ブーツ] (f.)　ショートブーツ
bottine [ボティヌ] (f.)　ハーフブーツ、編み上げブーツ
bottillon [ボティロン] (m.)　くるぶしの上までのショートブーツ

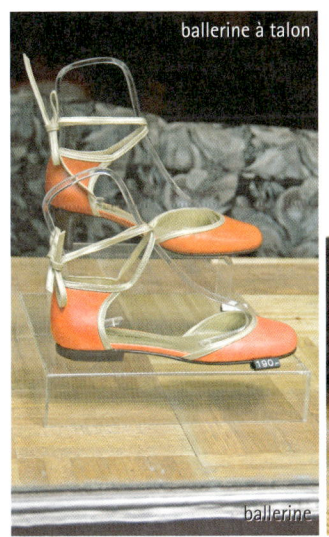

- ballerine à talon
- ballerine
- escarpin à talon
- sandale à talon
- sandale plate
- botte
- bottillon

バッグ屋さん
La bagagerie [ラ・バガジュリー]

Je voudrais un sac noir pour aller au bureau.
[ジュ・ヴドレ・アン・サック・ノワール・プール・アレ・オ・ビュロー]
仕事用の黒いバッグが欲しいのですが。

J'ai plusieurs sacs noirs. Vous le voulez comment?
[ジェ・プリュズィユール・サック・ノワール。ヴ・ル・ヴレ・コマン]
いくつも黒いバッグはありますが、どのようなのがよろしいですか？

Avec une fermeture à bouton ou par zip, il y a une bandoulière ou pas?
[アヴェキュンヌ・フェルムテュール・ア・ブトン・ウ・パール・ズィプ、イリヤ・ユンヌ・バンドゥリエール・ウ・パ]
ボタンで閉まるか、ジッパーで閉まるか、肩ひもがあるかないか？

Je le préfère avec une fermeture à bouton, mais celui-ci est trop petit.
[ジュ・ル・プレフェール・アヴェキュンヌ・フェルムテュール・ア・ブトン、メ・スリュイ・スィ・エ・トロ・プティ]
ボタンで閉めるものがいいのですが、これは小さすぎるわ。

Vous n'en avez pas de plus grand?
[ヴ・ナン・ナヴェ・パ・ドゥ・プリュ・グラン]
もっと大きいものはありますか？

Non, je ne l'ai qu'en bleu.
[ノン、ジュ・ヌ・レ・カン・ブルー]
いいえ、ブルーのものしかありません。

Ou celui-là, il est plus grand mais il possède une fermeture par zip.
[ウ・スリュイ・ラ、イレ・プリュ・グラン・メ・イル・ポセード・ユンヌ・フェルムテュール・パール・ズィプ]
またはこちらか。これはもっと大きいけれど、ジッパーでの開閉ですよ。

Je réfléchis un peu. Merci.
[ジュ・レフレスィ・アン・プ。メルスィ]
ちょっと考えます。ありがとう。

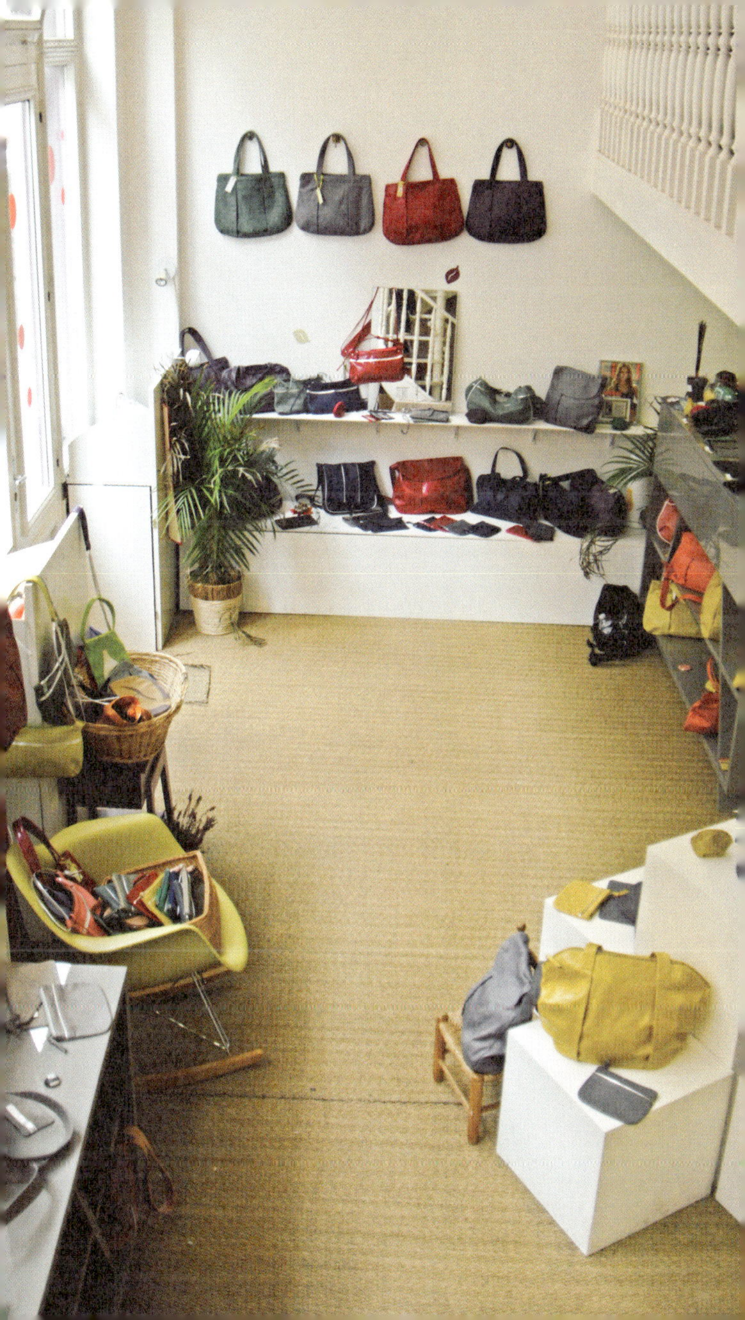

バッグ屋さん

【 Je voudrais un sac pour 〜. 】 [ジュ・ヴドレ・アン・サック・プール]
〜用のバッグが欲しいのですが。

かばんの名前が分からなくても使いたい用途を pour 〜 でつけて説明すると、欲しい物がより伝わりやすい。pour une soirée [プール・ユンヌ・ソワレ]（夜のパーティー用）、pour le voyage [プール・ル・ヴォワィヤージュ]（旅行用）、pour la plage [プール・ラ・プラージュ]（ビーチ用）などなど。

【 Je préfère 〜 】 [ジュ・プレフェール]　〜をより好む

いくつかの選択肢の中から選ぶ場合の言い方。préférer A à B で "B よりも A を好む" とも言うことができる。

Je préfère celui-ci à celui-là.
[ジュ・プレフェール・スリュイ・スィ・ア・スリュイ・ラ]
あっちよりもこっちの方が好みです。

【 avec une fermeture à bouton 】
[アヴェキュンヌ・フェルムテュール・ア・ブトン]
ボタンで閉めるもの

avec 〜 [アヴェク]（〜つき）、sans 〜 [サン]（〜なし）をつければ、いろんな注文がつけられる。avec une poche [アヴェキュンヌ・ポシュ]（ポケットつき）、avec une anse [アヴェキュン・ナーンス]（取っ手つき）、sans bandoulière [サン・バンドゥリエール]（肩ひもなし）など。

【 Je ne l'ai que 〜. 】 [ジュ・ヌ・レ・ク]　〜のものしかない

Vous n'en avez pas 〜 ? と中性代名詞 "en" を用いておおまかなものを指しているのに対して、"ブルーのもの" と特定の物を答えているため、人称代名詞 "le" を用いていることに注意。ない場合は特定の物を指せないため、"en" となる。Je n'en ai pas. [ジュ・ナン・ネ・パ]（ありません）、Il n'y en a plus. [イル・ニヤナ・プリュ]（もうありません）。

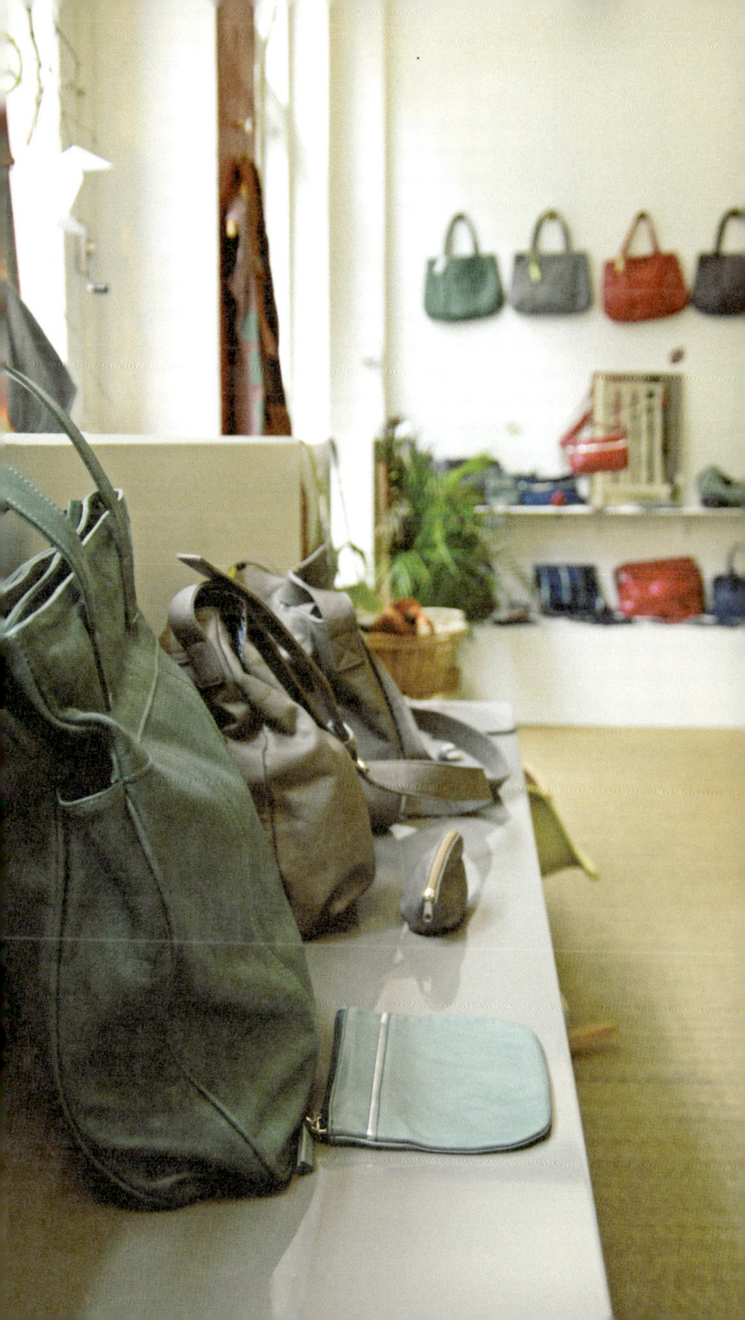

バッグ屋さんにあるもの

【 les sacs 】 [レ・サック] (*m.*) バッグ

sac en cuir [サック・アン・キュイール] (*m.*) 革製バッグ
sac en toile [サック・アン・トワール] (*m.*) 布製バッグ
sac à main [サッカ・マン] (*m.*) ハンドバッグ
besace [ブザス] (*f.*) ショルダーバッグ
cabas [カバ] (*m.*) ショッピングバッグ
sacoche [サコシュ] (*f.*) かけかばん
pochette [ポシェット] (*f.*) ポシェット
sac banane [サック・バナヌ] (*m.*) ウエストポーチ =banane [バナヌ] (*f.*)
sac à dos [サッカ・ド] (*m.*) リュックサック

sac de voyage [サック・ドゥ・ヴォワイヤージュ] (*m.*) 旅行かばん
valise [ヴァリーズ] (*f.*) スーツケース
malle [マル] (*f.*) トランク
attaché-case [アタッシェ・ケーズ] (*m.*) アタッシュケース
serviette [セルヴィエット] (*f.*) 書類かばん

バッグの部分名称あれこれ

bandoulière [バンドゥリエール] (*f.*) 肩ひも
lacet [ラセ] (*m.*) ひも
anse [アーンス] (*f.*) 取っ手
rabat [ラバ] (*m.*) 折り返してかぶせるフラップ
doublé [ドゥブレ] 裏地つき
zip [ズィプ] (*m.*) ジッパー
fermeture éclair [フェルムテュール・エクレール] (*f.*) ファスナー
bouton pression [ブトン・プレシィヨン] (*m.*) スナップボタン

besace	pochette
sac à main	cabas
sac en cuir	sac en toile

バッグ屋さんにあるもの

【 les accessoires 】 [レザクセソワール] (*m.*) 小物

porte-monnaie [ポルト・モネ] (*m.*) 小銭入れ
portefeuille [ポルトフィユ] (*m.*) 財布
porte-chéquier [ポルト・シェキエ] (*m.*) 小切手入れ
porte-portable [ポルト・ポルターブル] (*m.*) 携帯電話入れ
porte-carte [ポルト・カルト] (*m.*) 定期入れ、カードケース
porte-cigarette [ポルト・シガレット] (*m.*) シガレットケース
porte-clef [ポルト・クレ] (*m.*) キーホルダー
pochette [ポシェット] (*f.*) ポーチ、ケース
sac bouteille [サック・ブティユ] (*m.*) 瓶入れ
ceinture [サンテュール] (*f.*) ベルト

いろんな物が持てる porte-～

バッグ屋さんの小物の名前を見て分かる通り、"porte＋物"でさまざまな物の名前を言うことができる。例えば、コートを掛けるフックは portemanteau [ポルトマントー] (*m.*)、傘を立てる傘立ては porte-parapluie [ポルト・パラプリュイ] (*m.*)、政府などの言葉を持つスポークスマンは porte-parole [ポルト・パロール] (*m.*)、幸運をもたらすお守りは porte-bonheur [ポルト・ボンヌール] (*m.*) などなど。いろんな物を持たせることができちゃう。

pochette

porte-monnaie

pochette

porte-portable

sac bouteille

アクセサリー屋さん
La bijouterie [ラ・ビジュトリ]

Pourriez-vous me montrer une bague qui est exposée en vitrine?
[プリエ・ヴ・ム・モントレ・ユンヌ・バーグ・キ・エ・エクスポゼ・アン・ヴィトリーヌ]
ウインドーにある指輪を見せていただけますか?

Laquelle voulez-vous regarder?
[ラケル・ヴレ・ヴ・ルガルデ]
どれをご覧になりたいのですか?

A gauche, celle qui a la forme d'une fleur, s'il vous plaît.
[ア・ゴーシュ、セル・キ・ア・ラ・フォルム・デュンヌ・フルール、シル・ヴ・プレ]
左の、花の形をしたものをお願いします。

Essayez-la.
[エセイエ・ラ]
お試しください。

C'est magnifique. Qu'est ce que c'est, cette pierre?
[セ・マニフィック。ケ・ス・ク・セ、セット・ピエール]
素敵ですね。この石はなんですか?

C'est un onyx. J'ai des boucles d'oreille qui forment un ensemble avec cette bague.
[セタン・オニクス。ジェ・デ・ブークル・ドレイユ・キ・フォルム・アン・ナンサンブル・アヴェック・セット・バーグ]
それはオニキスです。この指輪とセットになったピアスもありますよ。

Vous voulez les essayer?
[ヴ・ヴレ・レゼセイエ]
お試しになりますか?

Oui, je voudrais bien.
[ウィ、ジュ・ヴドレ・ビヤン]
ええ、ぜひとも。

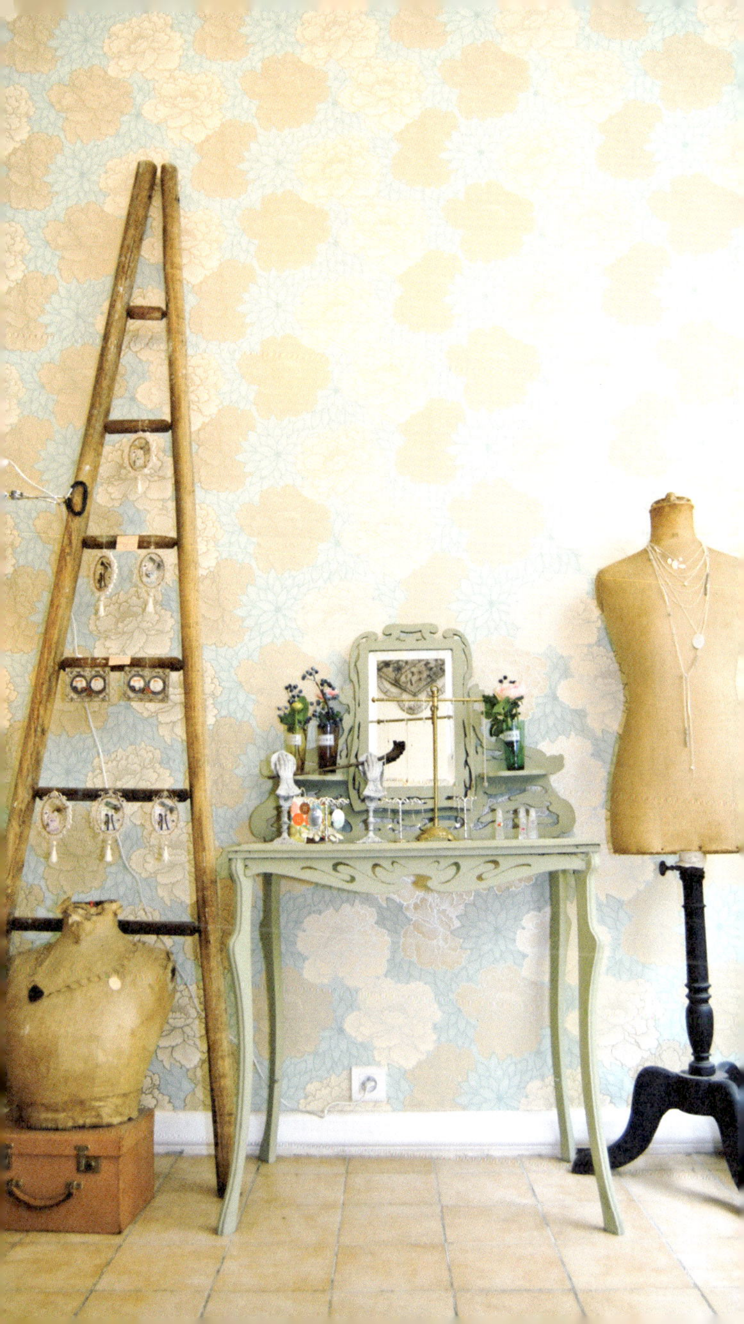

アクセサリー屋さん

【 Pourriez-vous me montrer 〜? 】 [プリエ・ヴ・ム・モントレ]
〜を見せていただけますか？

ショーウインドーやショーケースに入っている商品は、お願いして見せてもらおう。他にもlà-bas [ラ・バ] (むこうの)、là-haut [ラ・オ] (あの上の)、dedans [ドゥダン] (中の)など、いろんな場所を指示できる。手に届く場所にあっても、もちろん声をかけてから触れるのが当たり前。

Faites voir un collier, celui qui est là-haut.
[フェット・ヴォワール・アン・コリエ、スリュイ・キ・エ・ラ・オ]
あの上にあるネックレスを見せてください。

【 Laquelle? 】 [ラケル]　どれ？

男性名詞の物を指すのならばlequel [ルケル] で、複数ある物の中から聞く時に使う。

Lequel préférez-vous, celui en rouge ou celui en jaune?
[ルケル・プレフェレ・ヴ、スリュイ・アン・ルージュ・ウ・スリュイ・アン・ジョーヌ]
どちらがお好みですか？　赤い方、または黄色い方？

Je préfére celui en rouge.
[ジュ・プレフェール・スリュイ・アン・ルージュ]
赤い方が好みです。

【 former un ensemble 】 [フォルメ・アン・ナンサンブル]　セットになる

指輪とピアスとネックレスをお揃いで欲しいときには聞いてみよう。

Y a-t-il un collier et des boucles d'oreille qui forment un ensemble avec cette bague?
[ヤ・ティル・アン・コリエ・エ・デ・ブークル・ドレイユ・キ・フォルム・アン・ナンサンブル・アヴェク・セット・バーグ]
この指輪とセットになるネックレスとピアスはありますか？

【 Le baguier 】 [ル・バギエ]　指輪ゲージ

La taille de doigt [ラ・ターイユ・ドゥ・ドワ]（指のサイズ）とも。日本とフランスのサイズには若干差があるので、ご参考に。高級品ならば、保証書（certificat de garantie [セルティフィカ・ドゥ・ガランティ]（m.））、鑑定書（certificat d'authenticité [セルティフィカ・トタンティスィテ]（m.））などもしっかりチェック。

日本	フランス	直径	円周
7号	47	15mm	47mm
8号	48	15.3mm	48mm
9号	49	15.6mm	49mm
10号	50	15.9mm	50mm
11号	51	16.2mm	51mm
12号	52	16.5mm	52mm
13号	53	16.9mm	53mm
14号	54	17.2mm	54mm
15号	55	17.5mm	55mm
16号	56	17.8mm	56mm
17号	57	18.1mm	57mm
18号	58	18.5mm	58mm

アクセサリー屋さんにあるもの

【 les bijoux 】 [レ・ビジュー] (m.) アクセサリー

bague [バーグ] (f.) 指輪
bague en or [バーグ・アン・ノール] (f.) ゴールドリング
bague en argent [バーグ・アン・ナルジャン] (f.) シルバーリング
bague de fiançailles [バーグ・ドゥ・フィヤンサイユ] (f.) 婚約指輪
anneau [アノー] (m.) 指輪 (宝石のついていないもの)
anneau de mariage [アノー・ドゥ・マリアージュ] (m.) 結婚指輪

collier [コリエ] (m.) 短いネックレス
collier ras-du-cou [コリエ・ラ・デュ・クー] (m.) チョーカー
sautoir [ソトワール] (m.) 胸までの長いネックレス
pendantif [パンダンティフ] (m.) ペンダント
chaîne [シェーヌ] (f.) チェーン、鎖
bracelet [ブラスレ] (m.) ブレスレット
bracelet rigide [ブラスレ・リジッド] (m.) バングル

boucle d'oreille [ブークル・ドレイユ] (f.) イヤリング、ピアス
pendant [パンダン] (m.) たれ飾りのついたイヤリング
piercing [ピエルシング] (m.) ピアス
broche [ブロッシュ] (f.) ブローチ
camée [カメ] (m.) カメオ (貝殻などに浮き彫りを施したもの)
épingle à cravate [エパーングル・ア・クラヴァット] (f.) ネクタイピン
bouton de manchette [ブトン・ドゥ・マンシェット] (m.) カフスボタン

アクセサリーの素材あれこれ

or [オール] (m.) 金
carat [カラ] (m.) カラット(ct)、金の純度を表す単位、宝石の重さの単位
24 carats [ヴァント・カトル・カラ] (m.) 24金、純金
argent [アルジャン] (m.) 銀
platine [プラティヌ] (f.) プラチナ
plaqué [プラケ] (m.) めっき
sans nickel [サン・ニッケル] ニッケルなし
inox [イノックス] (m.) ステンレス

bague	boucles d'oreille
bracelet	collier
bracelet rigide	sautoir

アクセサリー屋さんにあるもの

【 les pierres 】 [レ・ピエール] (*f.*)　宝石

pierre précieuse [ピエール・プレスィユーズ] (*f.*)　宝石
pierre fine [ピエール・フィヌ] (*f.*)　宝石に分類されない透明な石、準宝石（アクアマリン、水晶、ガーネットなど）
= pierre semi-précieuse [ピエール・スミ・プレスィユーズ] (*f.*)

agate [アガット] (*f.*)　アゲート、めのう
aigue-marine [エグ・マリーヌ] (*f.*)　アクアマリン、藍玉
alexandrite [アレクサンドリト] (*f.*)　アレキサンドライト
ambre [アンブル] (*m.*)　琥珀（こはく）
améthyste [アメティスト] (*f.*)　アメシスト、紫水晶
amétrine [アメトリーヌ] (*f.*)　アメトリン
andalousite [アンダルズィト] (*f.*)　アンダルサイト、紅柱石
béryl [ベリル] (*m.*)　ベリル、緑柱石
chrome diopside [クロム・ディオプスィド] (*m.*)　クロム・ダイオプサイド
chrysobéryl [クリゾベリル] (*m.*)　クリソベリル、金緑石
citrine [スィトリヌ] (*f.*)　シトリン、黄水晶
corail [コライユ] (*m.*)　珊瑚
diamant [ディヤマン] (*m.*)　ダイヤモンド
émeraude [エムロード] (*f.*)　エメラルド
grenat [グルナ] (*m.*)　ガーネット
iolite [イオリット] (*f.*)　アイオライト
jade [ジャド] (*m.*)　翡翠（ひすい）
jaspe [ジャスプ] (*m.*)　ジャスパー、碧玉（へきぎょく）
kunzite [クンズィット] (*f.*)　クンツァイト
lapis lazuli [ラピス・ラズュリ] (*m.*)　ラピスラズリ、瑠璃（るり）
morganite [モルガニット] (*f.*)　モルガナイト
onyx [オニクス] (*m.*)　オニキス
opale [オパール] (*f.*)　オパール
péridot [ペリド] (*m.*)　ペリドット
perle [ペルル] (*f.*)　真珠
pierre de lune [ピエール・ドゥ・リューヌ] (*f.*)　ムーンストーン、月長石
quartz [クワルツ] (*m.*)　クリスタル、水晶

rubis [リュビ] (*m.*)　ルビー
saphir [サフィール] (*m.*)　サファイア
spinelle [スピネル] (*m.*)　スピネル、尖晶石
tanzanite [タンザニット] (*f.*)　タンザナイト
topaze [トパーズ] (*f.*)　トパーズ、黄玉
tourmaline [トゥールマリーヌ] (*f.*)　トルマリン
tsavorite [ツァヴォリット] (*f.*)　ツァボライト
turquoise [テュルクワーズ] (*f.*)　トルコ石
zircon [ズィルコン] (*m.*)　ジルコン

化粧品屋さん
Le magasin de cosmétique [ル・マガザン・ドゥ・コスメティック]

A quoi sert ce produit?
[ア・クワ・セール・ス・プロデュイ]
この商品は何に使うのですか？

C'est une sorte de crème de beauté, on l'utilise sur le visage avant de se coucher.
[セテュヌ・ソルト・ドゥ・クレム・ドゥ・ボーテ、オン・リュティリズ・スュル・ル・ヴィザージュ・アヴァン・ドゥ・ス・クーシェ]
美容クリームの一種で、就寝前に顔に使います。

Je voudrais une crème pour le corps.
[ジュ・ヴドレ・ユンヌ・クレム・プール・ル・コール]
ボディ用のクリームが欲しいのですが。

Vous avez une peau sèche ou une peau normale?
[ヴ・ザヴェ・ユンヌ・ポー・セッシュ・ウ・ユンヌ・ポー・ノルマール]
乾燥肌ですか、それとも特に問題はありませんか？

J'ai plutôt une peau sèche.
[ジェ・プリュトー・ユンヌ・ポー・セッシュ]
どちらかといえば乾燥肌ですね。

Je vous propose celle-là. [ジュ・ヴ・プロポズ・セル・ラ]
こちらをお勧めします。

En l'appliquant le matin, sur les mains, les jambes, le visage, ou une autre partie du corps, elle protégera votre peau jusqu'au soir.
[アン・ラプリカン・ル・マタン、スュル・レ・マン、レ・ジャンブ、ル・ヴィザージュ、ウ・ユン・ノートル・パルティ・デュ・コール、エル・プロテジュラ・ヴォトル・ポー・ジュスコ・ソワール]
手、脚、顔、その他の体の部分に朝塗ったら、夜まで肌を保護してくれますよ。

D'accord, je vais l'essayer.
[ダコール、ジュ・ヴェ・レセイエ]
OK、これを試してみます。

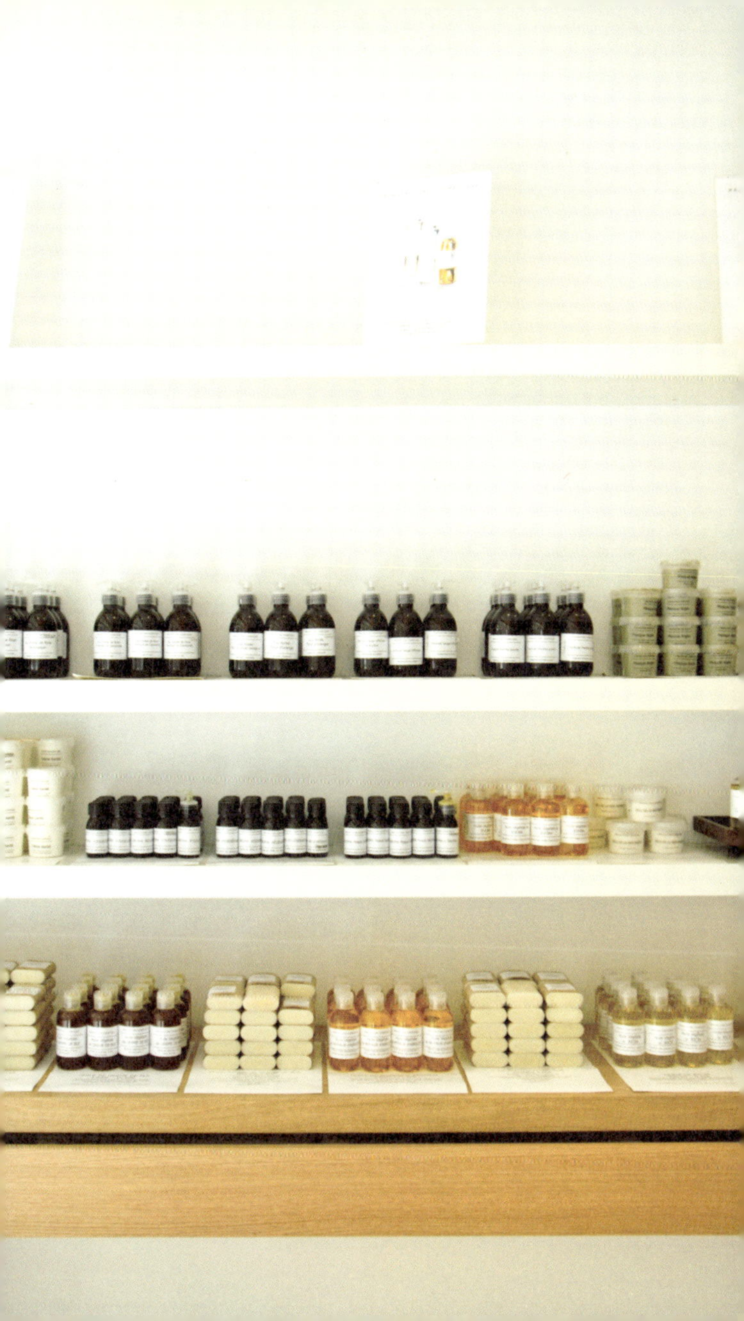

化粧品屋さん

【 A quoi sert ce produit? 】 [ア・クワ・セール、ス・プロデュイ]
この商品は何に使うのですか？

"servir à 〜"で、"〜に使う"と言う意味。商品の使用方法が聞きたければ、

Comment utiliser ce produit?
[コマン・ユティリゼ・ス・プロデュイ]
この商品はどうやって使うのですか？

【 On l'utilise sur le visage. 】 [オン・リュティリズ・スュル・ル・ヴィザージュ]
顔に使います。

sur le corps [スュル・ル・コール] (体に)、sur les mains [スュル・レ・マン] (手に)、sur les bras [スュル・レ・ブラ] (腕に)、sur les coudes [スュル・レ・クード] (ひじに)、sur les pieds [スュル・レ・ピエ] ((足首から下の)足に)、sur les talons [スュル・レ・タロン] (かかとに)、sur les jambes [スュル・レ・ジャンブ] ((足首から上の)足に)、sur les genoux [スュル・レ・ジュヌー] (ひざに)など。逆にà éviter autour des yeux [ア・エヴィテ・オトゥール・デジュー] (目の周りを避けるべき)とも。

【 J'ai une peau sèche. 】 [ジェ・ユンヌ・ボー・セッシュ]
乾燥肌です。

化粧品の瓶にもどんな肌用のものなのかの表記がある。すべての肌タイプならtous types de peaux [トゥー・ティプ・ドゥ・ポー]、オイリー肌ならばpeau grasse [ポー・グラス]、混合肌ならばpeau mixte [ポー・ミクスト]、敏感肌ならばpeau sensible [ポー・サンスィーブル] など。髪の毛も同様に、すべての髪タイプはtous types de cheveux [トゥー・ティプ・ドゥ・シュヴー]、ドライ髪はcheveux secs [シュヴー・セック] など。

Avez-vous une lotion pour une peau sensible?
[アヴェ・ヴ・ユンヌ・ロスィヨン・プール・ユンヌ・ポー・サンスィーブル]
敏感肌用の化粧水はありますか？

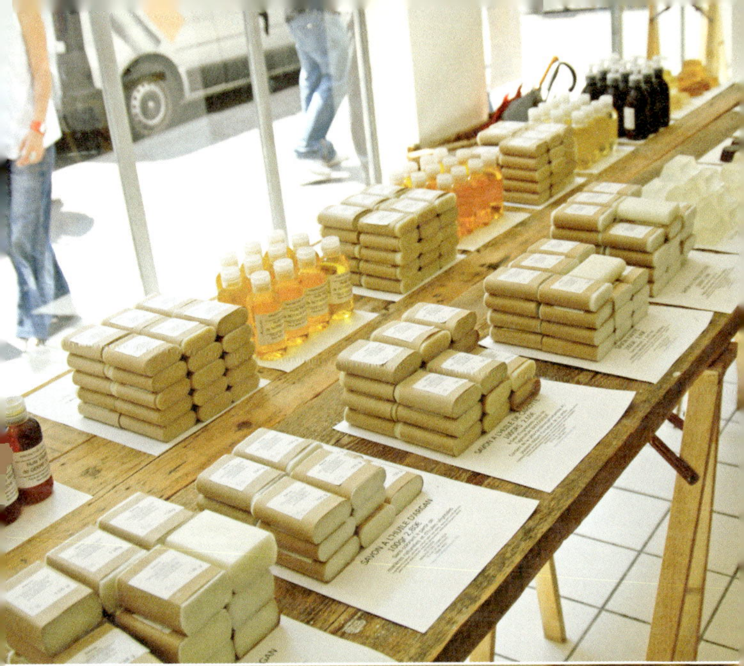
SAVON A L'HUILE D'ARGAN

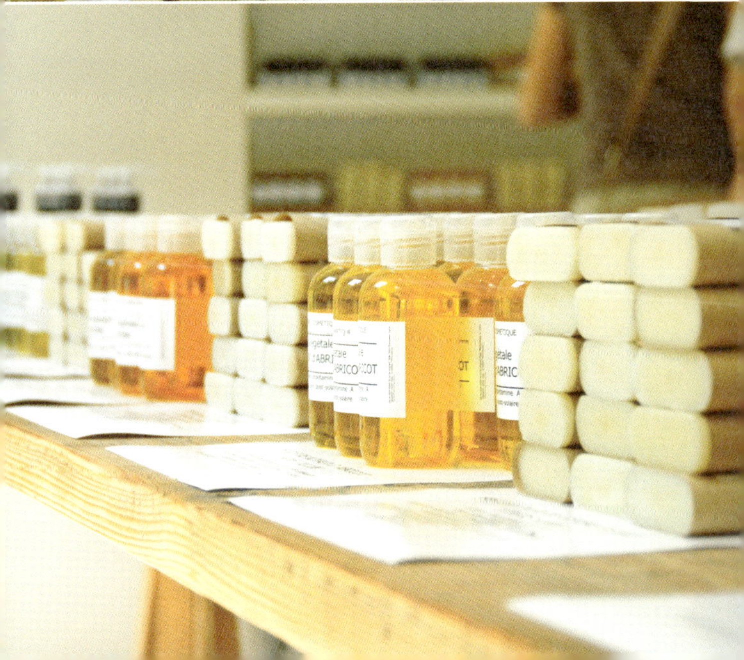

化粧品屋さんにあるもの

【 les produits de beauté 】 [レ・プロデュイ・ドゥ・ボーテ] (m.) 化粧品

lotion tonique [ロスィヨン・トニック] (f.) 化粧水
eau florale [オー・フローラル] (f.) 花の化粧水
eau de fleur d'oranger [オー・ドゥ・フルール・ドランジェ] (f.)
　オレンジの花の化粧水
eau de rose [オー・ドゥ・ローズ] (f.) バラの化粧水
huile essentielle [ユイル・エサンスィエル] (f.) エッセンシャルオイル
huile aromatique [ユイル・アロマティック] (f.) アロマオイル
huile d'argan [ユイル・ダルガン] (f.) アルガンオイル
huile de jojoba [ユイル・ドゥ・ジョジョバ] (f.) ホホバオイル
huile de germe de blé [ユイル・ドゥ・ジェルム・ドゥ・ブレ] (f.) 小麦胚芽オイル
gel aromatique [ジェル・アロマティック] (m.) アロマジェル
crème hydratante [クレム・イドラタント] (f.) 保湿クリーム
crème de jour [クレム・ドゥ・ジュール] (f.) デイクリーム
crème de nuit [クレム・ドゥ・ニュイ] (f.) ナイトクリーム
beurre de karité [ブール・ドゥ・カリテ] (m.) シアバター
crème de karité [クレム・ドゥ・カリテ] (f.) シアバタークリーム

lait [レ] (m.) 乳液
démaquillant [デマキヤン] (m.) 化粧落とし
nettoyant [ネトワイヤン] (m.) 洗顔料
gommage [ゴマージュ] (m.) ゴマージュ
masque de beauté [マスク・ドゥ・ボーテ] (m.) 美容マスク、パック
pommade à lèvres [ポマード・ア・レーヴル] (f.) リップクリーム

savon [サヴォン] (m.) 石けん
shampooing [シャンポワン] (m.) シャンプー
après-shampooing [アプレ・シャンポワン] (m.) リンス
baume démêlant [ボーム・デムラン] (m.) バルサム入りヘアトリートメント
gel douche [ジェル・ドゥーシュ] (m.) シャワージェル
bain aromatique [バン・アロマティック] (m.) アロマ風呂用エッセンシャルオイル
sel de la mer Morte [セル・ドゥ・ラ・メール・モルト] (m.) 死海の塩、バスソルト
déodorant [デオドラン] (m.) デオドラント

bain aromatique

crème de karité

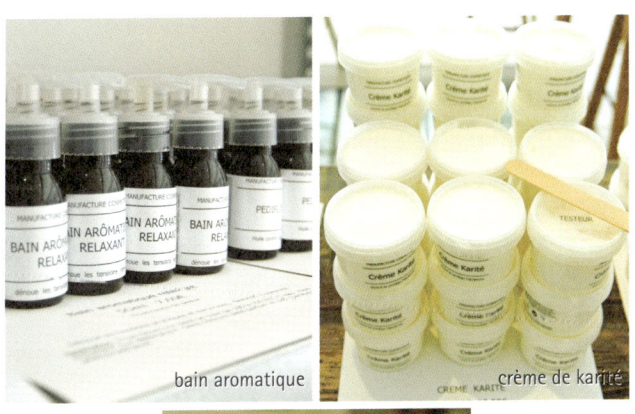

huile de germe de blé

gel aromatique

baume démêlant

化粧品屋さんにあるもの

【 le maquillage 】 [ル・マキヤージュ]　メークアップ化粧品

rouge à lèvres [ルージュ・ア・レーヴル] (m.)　口紅
eyeliner [アイライナー] (m.)　アイライナー
ombre à paupières [オンブル・ア・ポピエール] (f.)　アイシャドー
crayon à sourcils [クレイヨン・ア・スルスィ] (m.)　アイブロウペンシル
mascara [マスカラ] (m.)　マスカラ
vernis à ongles [ヴェルニ・ア・オングル] (m.)　マニキュア
fond de teint [フォン・ドゥ・タン] (m.)　ファンデーション
poudre [プードル] (f.)　パウダー
fard à joues [ファル・ア・ジュー] (m.)　チーク
correcteur [コレクトゥール] (m.)　コンシーラー
anti-cerne [アンティ・セルヌ] (m.)　くま消し

化粧品ラベルの表示あれこれ

anti-âge [アンティ・アージュ] (m.)　アンチエイジング
anti-taches [アンティ・タッシュ] (f.)　しみ対策
anti-rides [アンティ・リド] (f.)　シワ対策
pore visible [ポール・ヴィジーブル] (m.)　目立つ毛穴
peau fatiguée [ポー・ファティゲ] (f.)　疲労肌

biologique [ビヨロジック]　オーガニック原料使用（= bio）
matière naturelle [マティエール・ナチュレル] (f.)　天然原料使用
végétal [ヴェジェタル]　植物性の
sans colorant [サン・コロラン]　無着色
sans parfum [サン・パルファン]　無香料
sans parabène [サン・パラベン]　パラベン（防腐剤）不使用
sans conservateur [サン・コンセルヴァトゥール]　保存料不使用
non testé sur les animaux [ノン・テステ・スュル・レザニモー]
　動物実験なし

huile d'argan

savon

eau de fleur d'oranger

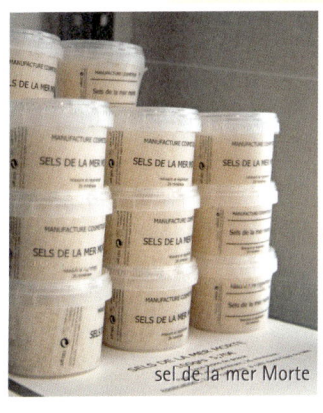

sel de la mer Morte

shampooing

香水屋さん
La parfumerie [ラ・パルフュムリ]

Je peux vous aider?
[ジュ・プ・ヴ・ゼデ]
お伺いしましょうか？

Je voudrais un parfum, mais je ne sais pas comment le choisir.
[ジュ・ヴドレ・アン・パルファン、メ・ジュ・ヌ・セ・パ・コマン・ル・ショワズィル]
香水が欲しいのだけれど、どのように選べばいいのか分からないわ。

Quand portez-vous le parfum?
[カン・ポルテ・ヴ・ル・パルファン]
いつ香水をつけますか？

Je voudrais le porter en soirée.
[ジュ・ヴドレ・ル・ポルテ・アン・ソワレ]
パーティーにつけたいわ。

Quel parfum aimez-vous, floral ou fruité?
[ケル・パルファン・エメ・ヴ、フロラル・ウ・フリュイテ]
どんな香りがお好きですか、フローラルそれともフルーティーな？

J'aime le parfum de la rose.
[ジェム・ル・パルファン・ドゥ・ラ・ローズ]
バラの香りが好きです。

Sentez ces deux parfums. Lequel préférez-vous?
[サンテ・セ・ドゥー・パルファン。ルケル・プレフェレ・ヴ]
この2つの香水を嗅いでください。どちらがお好みですか？

Je péfère celui-ci. Il sent le printemps.
[ジュ・プレフェル・スリュイ・スィ。イル・ソン・ル・プランタン]
こちらが好みです。春の香りがします。

Mais j'aimerais bien avoir un parfum plus doux.
[メ・ジェムレ・ビヤン・アヴォワール・アン・パルファン・プリュ・ドゥー]
でももっと甘い香りが欲しいのですが。

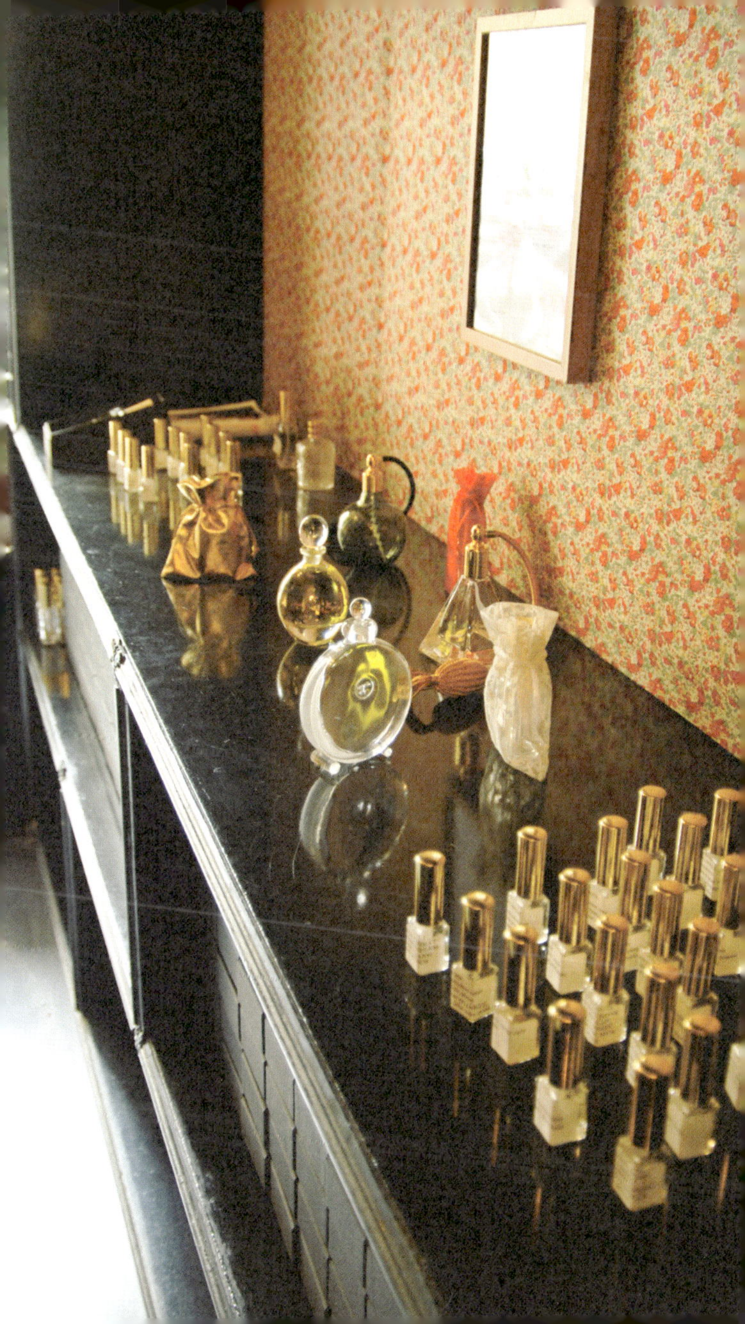

香水屋さん

【 Je ne sais pas comment le choisir. 】
[ジュ・ヌ・セ・パ・コマン・ル・ショワズィル]
どのように選ぶか分かりません。

プレゼント用に香水を選びたい時や、香水だけでなく他の物でも、選び方が分からなければ素直に言ってみよう。

Dites-moi comment choisir un parfum pour ma mère.
[ディット・モワ・コマン・ショワズィル・アン・パルファン・プール・マ・メール]
母への香水の選び方を教えてください。

【 Quand portez-vous le parfum? 】
[カン・ポルテ・ヴ・ル・パルファン]
いつ香水をつけますか？

香水をつけるのは、"porter le parfum [ポルテ・ル・パルファン]"。フランス人は1日で時間によって香水を変える人もいるほどで、朝(matin [マタン] (m.))、午後(après-midi [アプレ・ミディ] (m.))、夜(soir [ソワール] (m.))などつける時間帯を伝えても。またつけている香水の銘柄を聞かれることも。

Quel parfum portez-vous?
[ケル・パルファン・ポルテ・ヴ]
何の香水をつけていますか？

【 Sentez ces deux parfums. 】 [サンテ・セ・ドゥー・パルファン]
この2つの香水を嗅いでください。

匂いを嗅ぐは "sentir [サンティール]"。好みの香りを見つけるには、いくつかの香水を嗅いでみるのがやはり手っ取り早い。"〜の匂いがする"も同じ単語。

Ce parfum sent très bon.
[ス・パルファン・サン・トレ・ボン]
この香水はとてもいい香りです。

【 un parfum plus doux 】 [アン・パルファン・プリュ・ドゥー]
もっと甘い香り

plus fort [プリュ・フォール]（もっと強い）、plus frais [プリュ・フレ]（もっと爽やかな）、plus léger [プリュ・レジェ]（もっと軽やかな）、moins puissant [モワン・ピュイサン]（強すぎない）など、香りの強弱のリクエストをつけ加えることも可能。parfumには香水の他に香りという意味もあり、parfum de la rose [パルファン・ドゥ・ラ・ローズ]はバラの花の香り、parfum à la rose [パルファン・ア・ラ・ローズ]はバラの香水となることに注意。

香水屋さんにあるもの

【 les parfums 】 [レ・パルファン]（*m.*) 香水

parfum pour femme [パルファン・プール・ファム]（*m.*) 女性用香水
parfum pour homme [パルファン・プール・オム]（*m.*) 男性用香水

parfum [パルファン]（*m.*) 香水。20％以上の濃度のもの
eau de parfum [オー・ドゥ・パルファン]（*f.*) 12〜20％の濃度のもの
eau de toilette [オー・ドゥ・トワレット]（*f.*) 7〜12％の濃度のもの
eau de Cologne [オー・ドゥ・コローニュ]（*f.*) 4〜6％の濃度のもの

flacon [フラコン]（*m.*) 香水瓶
vaporisateur [ヴァポリザトゥール]（*m.*) 香水用スプレー

flacon

parfum

【 Les familles olfactives 】 [レ・ファミーユ・オルファクティヴ] (*f.*)
香りのグループ

floral [フロラル]　フローラル系
　rose [ローズ] (*f.*)　バラ
　jasmin [ジャスマン] (*m.*)　ジャスミン
　muguet [ミュゲ] (*m.*)　すずらん
boisé [ボワゼ]　ウッディ系
　cèdre [セドル] (*m.*)　ヒマラヤスギ
　santal [サンタル] (*m.*)　白檀
　patchouli [パチュリ] (*m.*)　パチョリ
oriental [オリヤンタル]　オリエンタル系
　vanille [ヴァニーユ] (*f.*)　バニラ
　baume [ボーム] (*m.*)　バルサム（芳香性樹脂）
　musc [ミュスク] (*m.*)　麝香（じゃこう）
hespéridé [エスペリデ]　シトラス系
　agrumes [アグリュム] (*m.*)　柑橘類
fougère [フジェール]　フゼア系
　lavande [ラヴァンド] (*f.*)　ラベンダー
　géranium [ジェラニュウム] (*m.*)　ゼラニウム
chypré [シプレ]　シプレ系
　bergamote [ベルガモット] (*f.*)　ベルガモット
　mousse de chêne [ムース・ドゥ・シェーヌ] (*f.*)　オークモス
cuir [キュイール]　レザー系
　tabac [タバコ] (*m.*)　タバコ

新商品をチェックしよう

いち早く新しい商品を手に入れたいのなら、やっぱりお店の人に聞いてみるしかない。新商品は nouveauté [ヌーヴォテ] (*f.*)、流行は à la mode [ア・ラ・モード]、tendance [タンダンス] (*f.*)。最新商品をチェックしたいなら、

Quelles sont les nouveautés?
[ケル・ソン・レ・ヌーヴォーテ]
新製品はどれですか？

文房具屋さん
La papeterie [ラ・パプトリ]

Je cherche un papier rose brillant.
[ジュ・シェルシュ・アン・パピエ・ローズ・ブリヤン]
つやのあるピンクの紙を探しているのですが。

Je n'en ai plus, il ne reste que du bleu et du violet.
[ジュ・ナン・ネ・プリュ。イル・ヌ・レスト・ク・デュ・ブルー・エ・デュ・ヴィヨレ]
もうありません。ブルーとパープルしか残っていませんよ。

Montrez-moi le violet.
[モントレ・モワ・ル・ヴィヨレ]
パープルを見せてください。

Non, il est trop foncé.
[ノン、イレ・トロ・フォンセ]
いいえ、濃すぎるわ。

Puis-je en commander trois feuilles?
[ピュイ・ジュ・アン・コマンデ・トロワ・フイユ]
ピンクを3枚、注文できますか？

Oui, mais il faut attendre une semaine.
[ウィ、メ・イル・フォ・アターンドル・ユンヌ・スメーヌ]
ええ、でも1週間待たなければなりませんよ。

Tant pis, mais je voudrais l'avoir le plus tôt possible.
[タン・ピ、メ・ジュ・ヴドレ・ラヴォワール・ル・プリュ・トー・ポスィーブル]
仕方がありません。でもなるべく早くいただきたいのですが。

Peut-être dans cinq jours. Dès qu'il arrive, je vous appelle.
[プテートル・ダン・サンク・ジュール。デ・キラリーヴ・ジュ・ヴザペル]
たぶん5日後かも。届いたらご連絡しますよ。

Merci, c'est très gentil.
[メルスィ、セ・トレ・ジャンティ]
とてもご親切に、ありがとう。

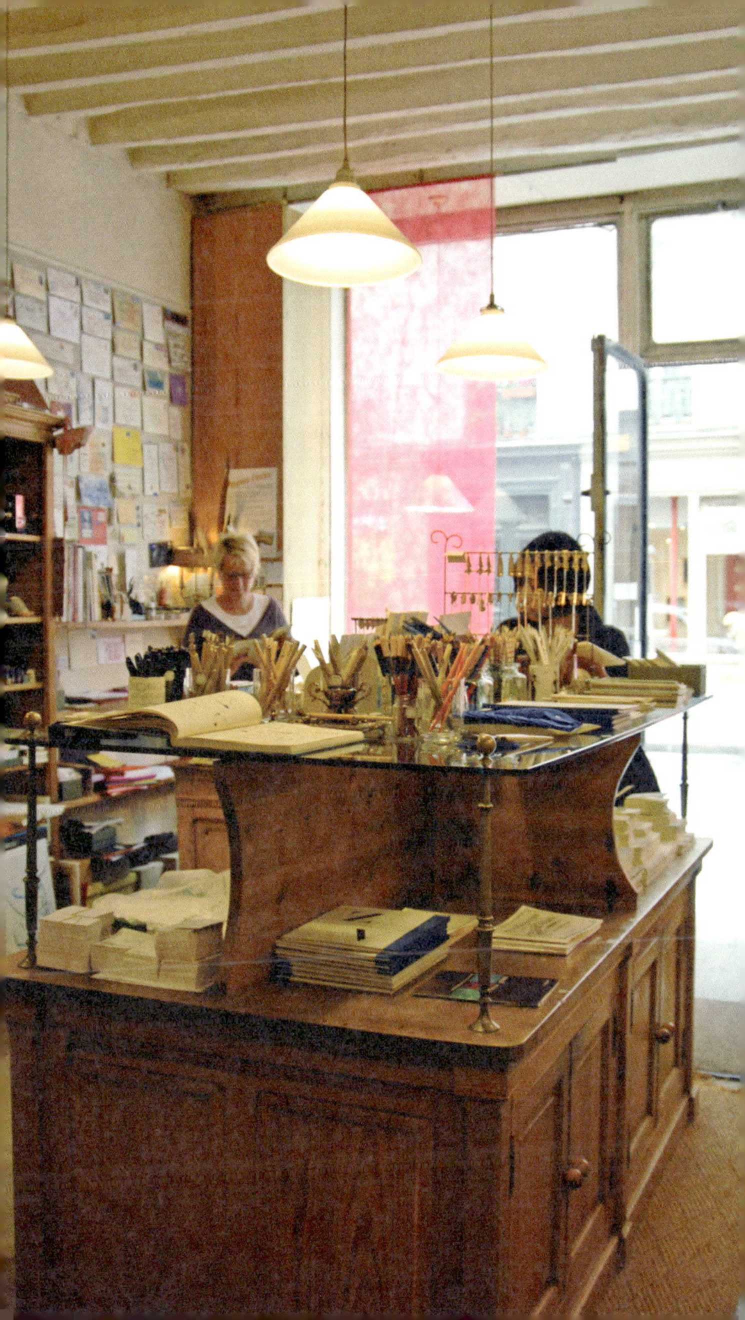

文房具屋さん

【 un papier rose brillant 】 [アン・パピエ・ローズ・ブリヤン]
つやのあるピンクの紙

色だけではなくさまざまな形容詞をつけて具体的に欲しい物を伝えることができる。つやのないものならば mat [マット]、薄いものならば fin [ファン]、厚いものならば épais [エペ]、透けるものならば transparent [トランスパラン] など。

【 Puis-je commander 〜 】 [ピュイ・ジュ・コマンデ]
〜を注文できますか？

後ろに個数をつけないのならば、Puis-je le commander? (それを注文できますか？)。feuille [フイユ] (f.) は紙を数える時に使う。

Une feuille de papier vert et deux feuilles de papier blanc, s'il vous plaît.
[ユンヌ・フイユ・ドゥ・パピエ・ヴェール・エ・ドゥー・フイユ・ドゥ・パピエ・ブラン、シル・ヴ・プレ]
緑の紙1枚と白い紙2枚ください。

【 il faut attendre une semaine 】
[イル・フォ・アターンドル・ユンヌ・スメーヌ]
1週間待たなくてはいけません。

Il va arriver dans une semaine. [イル・ヴァ・アリヴェ・ダンズユンヌ・スメーヌ] (1週間後に届きます) など、dans + 期間で "〜後" とも。avant une semaine [アヴァン・ユンヌ・スメーヌ] なら1週間以内。こちらからどのくらいかかるのか聞くならば、

Combien de temps faut-il attendre?
[コンビヤン・ドゥ・タン・フォーティル・アターンドル]
どのくらい待たなければなりませんか？

Quand est-ce qu'il arrive?
[カンテ・ス・キラリーヴ]
いつ届きますか？

【 le plus tôt possible 】 [ル・プリュ・トー・ポスィーブル]
できるだけ早く

こっちの要望をできるだけ伝えれば、何とかしてくれちゃうのがフランス。難しいと言われても、1度で引かずちょっと粘ってみよう。それで無理ならば仕方がない。

J'en ai absolument besoin demain parce que je pars au Japon après-demain.
[ジャン・ネ・アプソリュマン・ブゾワン・ドゥマン・パルス・ク・ジュ・パール・オ・ジャポン・アプレ・ドゥマン]
どうしても明日必要です。なぜなら明後日に日本へ発つからです。

Ce n'est pas possible. [ス・ネ・パ・ポスィーブル]
それは無理です。

文房具屋さんにあるもの

【 les fournitures de bureau 】 [レ・フルニテュール・ドゥ・ビュロー] (f.)
文房具

papier [パピエ] (m.)　紙
papier d'emballage [パピエ・ダンバラージュ] (m.)　包装紙
papier à lettres [パピエ・ア・レトル] (m.)　便箋
enveloppe [アンヴロップ] (f.)　封筒
carte postale [カルト・ポスタル] (f.)　郵便はがき
carte de vœux [カルト・ドゥ・ヴー] (f.)　グリーティングカード
carte de visite [カルト・ドゥ・ヴィズィット] (f.)　名刺

cahier [カイエ] (m.)　ノート
bloc-notes [ブロック・ノット] (m.)　メモ帳
carnet [カルネ] (m.)　手帳
carnet d'adresses [カルネ・ダドレス] (m.)　アドレス帳
carnet relié [カルネ・ルリエ] (m.)　装丁された手帳
agenda [アジャンダ] (m.)　スケジュール帳
calendrier [カランドリエ] (m.)　カレンダー

papier à lettres

enveloppe

carte de visite	cahier
carnet relié	stylo
gomme	tampon

文房具屋さんにあるもの

stylo [スティロ] (*m.*)　万年筆
plume [プリュム] (*f.*)　万年筆のペン先
porte-plume [ポルト・プリュム] (*m.*)　ペン軸
stylo-bille [スティロ・ビーユ] (*m.*)　ボールペン
stylo-feutre [スティロ・フートル] (*m.*)　サインペン
portemine [ポルトミヌ] (*m.*)　シャープペンシル
crayon [クレイヨン] (*m.*)　鉛筆
crayon de couleur [クレイヨン・ドゥ・クルール] (*m.*)　色鉛筆
gomme [ゴム] (*f.*)　消しゴム

tampon [タンポン] (*m.*)　スタンプ
encre [アンクル] (*f.*)　インク
papier buvard [パピエ・ビュヴァール] (*m.*)　インク吸い取り紙
sceau [ソー] (*m.*)　封印スタンプ
cire à cacheter [スィール・ア・カシュテ] (*f.*)　封蝋
écritoire [エクリトワール] (*f.*)　筆記道具箱
méthode d'écriture [メトード・デクリテュール] (*f.*)　筆記体の手引き
cahier d'écriture [カイエ・デクリテュール] (*m.*)　筆記体練習帳
marque-page [マルク・パージュ] (*f.*)　しおり
marque-place [マルク・プラス] (*f.*)　誰の席か分かるように名前を書く紙

papier buvard	écritoire
cire à cacheter	méthode d'écriture
marque-page	marque-place

手芸用品屋さん
La mercerie [ラ・メルスリー]

Je voudrais coudre une robe pour ma fille.
[ジュ・ヴドレ・クードル・ユンヌ・ローブ・プール・マ・フィーユ]
娘にワンピースを縫ってあげたいのですが。

Je peux utiliser ces dentelles pour la border?
[ジュ・プ・ユティリゼ・セ・ダンテール・プール・ラ・ボルデ]
それを縁取るためにこのレース飾りは使えますか？

Bien sûr. Vous voulez combien de mètres?
[ビヤン・スュル。ヴ・ヴレ・コンビヤン・ドゥ・メートル]
もちろん。どのくらいの長さが欲しいですか？

A peu près deux mètres, s'il vous plaît.
[ア・プ・プレ・ドゥー・メートル、シル・ヴ・プレ]
2mほどお願いします。

Je pense la broder avec des motifs à fleur.
[ジュ・パンス・ラ・ブロデ・アヴェック・デ・モティーフ・ア・フルール]
それに花の模様を刺繍するつもりです。

Est-ce qu'il y a une grille pour ça?
[エ・ス・キリヤ・ユンヌ・グリーユ・プール・サ]
それ用の図案はありますか？

Regardez dans le deuxième tiroir à droite.
[ルガルデ・ダン・ル・ドゥズィエム・ティロワール・ア・ドロワット]
右の2番目の引き出しの中を見てください。

Il s'y trouve beaucoup de variétés.
[イル・シ・トルーヴ・ボークー・ドゥ・ヴァリエテ]
そこにさまざまな種類がありますよ。

JOURS DE PLUIE

手芸用品屋さん

【 Je voudrais coudre 〜 】　[ジュ・ヴドレ・クードル]　〜を縫いたい

作りたい物をまずは宣言した方が分かりやすい。縫う（coudre [クードル]）のか、刺繍する（broder [ブロデ]）のか、編む（tricoter [トリコテ]）のか、かぎ針で編む（faire du crochet [フェール・デュ・クロッシェ]）のかなど、具体的に話した方が店員さんも相談に乗りやすいというもの。

Je voudrais tricoter une housse de coussin.
[ジュ・ヴドレ・トリコテ・ユンヌース・ドゥ・クーサン]
クッションカバーを編みたい。

Je suis en train de faire une dentelle au crochet.
[ジュ・スュイ・アン・トラン・ドゥ・フェール・ユンヌ・ダンテール・オ・クロシェ]
かぎ針のレースを作っている最中です。

【 Combien de mètres? 】　[コンビヤン・ドゥ・メートル]
どのくらいの長さ？

手芸屋さんでは、生地やリボンなどは欲しい長さを言って切ってもらう。同じ長さに切った物が何本か欲しければ、

Deux galons, cinquante centimètres chacun.
[ドゥー・ガロン、サンカーント・サンティメートル・シャカン]
それぞれ50cmのブレードを2本。

【 Est-ce qu'il y a 〜 pour ça? 】　[エ・ス・キリヤ・〜・プール・サ]
それ用の〜はありますか？

店のどこにあるのかを聞きたい場合は、

Où se trouvent les patrons de robe?
[ウ・ス・トルーヴ・レ・パトロン・ドゥ・ローブ]
ワンピースの型紙はどこにありますか？

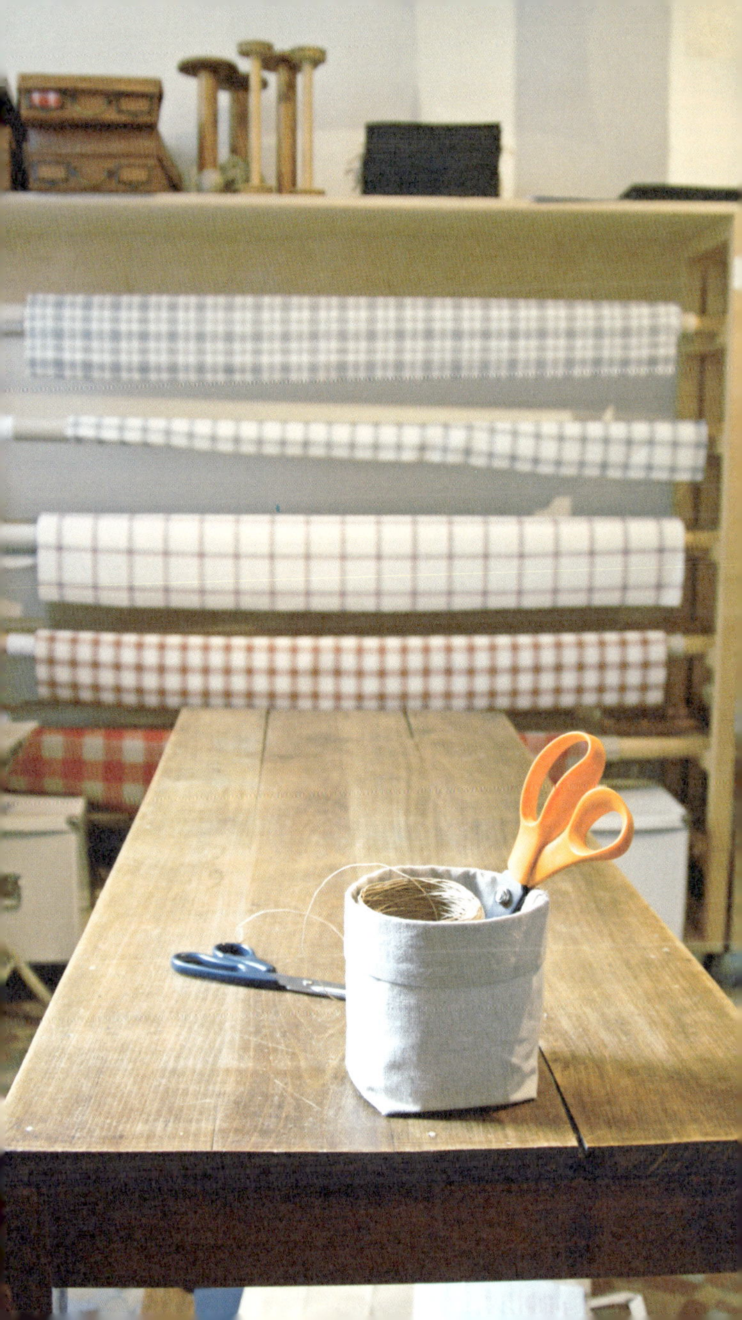

手芸用品屋さんにあるもの

【 la mercerie 】 [ラ・メルスリー]　手芸用品

bouton [ブトン] (*m.*)　ボタン
paillette [パイエット] (*f.*)　スパンコール
perle [ペルル] (*f.*)　ビーズ
motif [モティーフ] (*m.*)　ワッペン

fil à coudre [フィル・ア・クードル] (*m.*)　ミシン糸
fil à broder [フィル・ア・ブロデ] (*m.*)　刺繍糸
laine à tricoter [レーヌ・ア・トリコテ] (*f.*)　毛糸
coton à crocheter [コトン・ア・クロシュテ] (*m.*)　かぎ針用コットン糸
bobine [ボビーヌ] (*f.*)　糸巻き

ruban [リュバン] (*m.*)　リボン
cordelière [コルドリエール] (*f.*)　ひも
galon [ガロン] (*m.*)　飾りひも、ブレード
croquet [クロケ] (*m.*)　波状ブレード
frange [フランジュ] (*f.*)　フリンジ
dentelle [ダンテル] (*f.*)　レース、レース飾り
broderie anglaise [ブロドリ・アングレーズ] (*f.*)　カットワークが入った刺繍
pompon [ポンポン] (*m.*)　房飾り

bouton

fil à broder

bobine

ruban

galon

手芸用品屋さんにあるもの

grille [グリーユ] (f.) 図案
patron [パトロン] (m.) 型紙
feutre [フートル] (m.) フェルト
étoffe [エトフ] (f.) 生地
tissu [ティスュ] (m.) 生地
toile [トワル] (f.) 布、キャンバス地
étamine [エタミヌ] (f.) 目の粗い平織の薄布
coupon [クーポン] (m.) 端切れ
doublure [ドゥーブリュール] (f.) 裏地

kit [キット] (m.) キット(組み立てセット)
ciseaux [スィゾー] (m.) はさみ
ciseaux à coupe [スィゾー・ア・クープ] (m.) 裁ちばさみ
aiguille [エギュイユ] (f.) 針
aiguille à tricoter [エギュイユ・ア・トリコテ] (f.) 編み針
crochet [クロシェ] (m.) かぎ針
épingle [エパーングル] (f.) ピン
pelote à épingles [プロット・ア・エパーングル] (f.) 針山
épingle de nourrice [エパーングル・ドゥ・ヌリス] (f.) 安全ピン
dé [デ] (m.) 指ぬき

手芸の種類あれこれ

patchwork [パッチュウォルク] (m.) パッチワーク
point de croix [ポワン・ドゥ・クロワ] (m.) クロスステッチ
broderie [ブロドリ] (f.) 刺繍
tricot [トリコ] (m.) 編み物
crochet [クロシェ] (m.) かぎ針編み
application [アプリカスィヨン] (f.) アップリケ

pompon

grille

étamine

ciseaux

épingle de nourrice

リネン屋さん
Le magasin de linges de maison [ル・マガザン・ドゥ・ラーンジュ・ドゥ・メゾン]

Je voudrais une nappe blanche.
[ジュ・ヴドレ・ユンヌ・ナップ・ブランシュ]
白いテーブルクロスが欲しいのですが。

Combien de mesures voulez-vous?
[コンビヤン・ドゥ・ムズュール・ヴレ・ヴ]
どのぐらいの大きさですか?

Un mètre cinquante de long sur soixante-dix de large.
[アン・メートル・サンカーント・ドゥ・ロン・スュル・ソワサント・ディス・ドゥ・ラルジュ]
長さ1m50、幅70cmです。

Celle en lin est d'un mètre cinquante sur un mètre.
[セル・アン・ラン・エ・ダン・メートル・サンカーント・スュル・アン・メートル]
亜麻製のものは長さ1m50、幅1mよ。

Celle en coton est de soixante de large.
[セル・アン・コトン・エ・ドゥ・ソワサント・ドゥ・ラルジュ]
コットン製のものは幅60cmね。

Elles sont fabriquées à la main.
[エル・ソン・ファブリケ・ア・ラ・マン]
それらは手作りのものよ。

Touchez-les, c'est très doux.
[トゥシェ・レ、セ・トレ・ドゥー]
触ってみて、とても柔らかいでしょ。

C'est vrai. Je les prends toutes les deux.
[セ・ヴレ。ジュ・レ・プラン・トゥート・レ・ドゥー]
本当に。2つともいただきます。

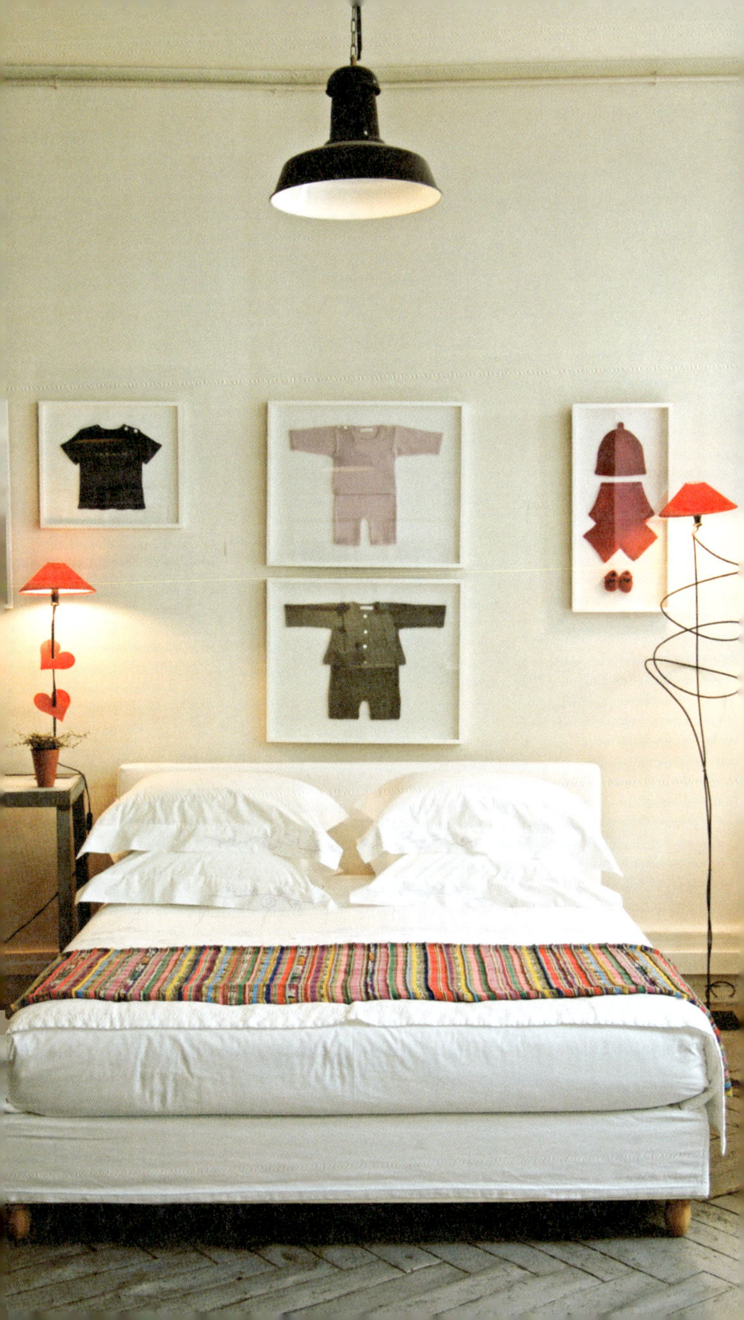

リネン屋さん

【 Combien de mesures? 】 [コンビヤン・ドゥ・ムズュール]
どのぐらいの大きさですか？

長さなどのサイズを言う時は mesure [ムズュール] (*f.*)。動詞形 mesurer [ムズュレ] は、"計る、長さがある" などの意味になる。

Combien mesurez-vous? [コンビヤン・ムズュレ・ヴ]
身長はどのぐらいですか？

Je mesure un mètre soixante.
[ジュ・ムジュール・アン・メートル・ソワサーント]
1m60cmです。

【 〜 de long sur 〜 de large 】
[〜・ドゥ・ロン・スュル・〜・ドゥ・ラルジュ]
長さ〜、幅〜

長さは long [ロン] (*m.*)、幅は large [ラルジュ] (*m.*)。または、〜 de longueur sur 〜 de largeur [ドゥ・ロングール・スュル・〜・ドゥ・ラルジュール] とも。un mètre cinquante sur soixante-dix と略してもOK。正方形ならば、carré d'un mètre sur un mètre [カレ・ダン・メートル・スュル・アン・メートル] (1m四方の正方形) とも言える。円の直径は diamètre [ディアメートル] (*m.*)。

Avez-vous une nappe ronde de quatre-vingts centimètres de diamètre?
[アヴェ・ヴ・ユンヌ・ナップ・ローンド・ドゥ・カトル・ヴァン・サンティメートル・ドゥ・ディアメートル]
直径80cmの丸いテーブルクロスはありますか？

【 fabriquer à la main 】 [ファブリケ・ア・ラ・マン] 手作りする

C'est artisanal. [セ・タルティザナル] (それは手製です) とも。工業製ならば à la machine [ア・ラ・マシーヌ]、industriel [アンデュストリエル]。

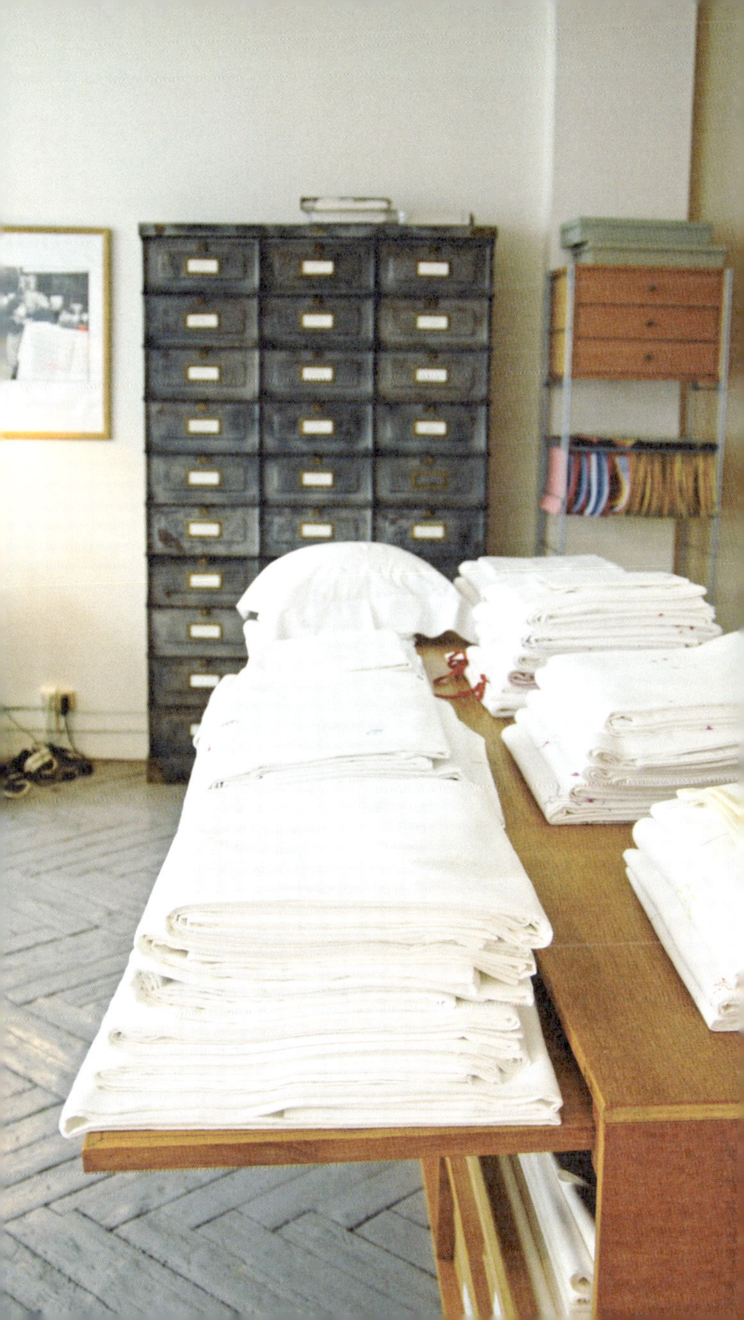

リネン屋さんにあるもの

【 les linges de maison 】[レ・ラーンジュ・ドゥ・メゾン] (*m.*)　家庭用布製品

set de table [セット・ドゥ・ターブル] (*m.*)　ランチョンマット
serviette de table [セルヴィエット・ドゥ・ターブル] (*f.*)　ナプキン
nappe [ナップ] (*f.*)　テーブルクロス
napperon [ナプロン] (*m.*)　卓上マット
chemin de table [シュマン・ドゥ・ターブル] (*m.*)　テーブルセンタークロス
torchon [トルション] (*m.*)　ふきん

drap [ドラ] (*m.*)　シーツ
drap de dessous [ドラ・ドゥ・ドゥスー] (*m.*)　敷布
drap de dessus [ドラ・ドゥ・ドゥスュ] (*m.*)　掛け布
drap-housse [ドラ・ウース] (*m.*)　マットレスカバー
housse [ウース] (*f.*)　カバー
housse de couette [ウース・ドゥ・クウェット] (*f.*)　布団カバー
taie d'oreiller [テ・ドレイェ] (*f.*)　枕カバー
taie de coussin [テ・ドゥ・クーサン] (*f.*)　クッションカバー
jeté [ジュッテ] (*m.*)　掛け布、ベッドカバー

serviette de toilette [セルヴィエット・ドゥ・トワレット] (*f.*)　タオル
serviette de bain [セルヴィエット・ドゥ・バン] (*f.*)　バスタオル
serviette de hammam [セルヴィエット・ドゥ・アマム] (*f.*)　大きいバスタオル
tapis de bain [タピ・ドゥ・バン] (*m.*)　バスマット
peignoir [ペニョワール] (*m.*)　バスローブ

set de table	nappe
drap-housse	housse de couette
taie d'oreiller	jeté

食器屋さん
Le magasin de vaisselle [ル・マガザン・ドゥ・ヴェセル]

Je cherche un service à thé en porcelaine.
[ジュ・シェルシュ・アン・セルヴィス・ア・テ・アン・ポルスレーヌ]
磁器製のティーセットを探しているのですが。

J'en ai deux types, avec soucoupes et sans soucoupe.
[ジャネ・ドゥー・ティプ、アヴェク・スークープ・エ・サン・スークープ]
ソーサーつきとソーサーなしの2つのタイプがありますが。

Je voudrais avec soucoupes, mais cette décoration est trop chargée.
[ジュ・ヴドレ・アヴェク・スークープ、メ・セット・デコラシィヨン・エ・トロ・シャルジェ]
ソーサーつきが欲しいのですが、これは飾りすぎだわ。

Vous n'en avez pas de plus simple.
[ヴ・ナン・ナヴェ・パ・ドゥ・プリュ・サーンプル]
もっとシンプルなものはありませんか？

Celui-là, fabriqué artisanalement, est tout blanc.
[スリュイ・ラ、ファブリケ・アルティザナルマン、エ・トゥー・ブラン]
手作りされたこれは、白一色ですよ。

Il est beau. Combien de tasses contient un service?
[イレ・ボー。コンビヤン・ドゥ・タス・コンティヤン・アン・セルヴィス]
すばらしいわ。一式の中にカップがいくつ入っているのですか？

Il contient, au total, six tasses, six soucoupes, six cuillères à thé et une théière.
[イル・コンティヤン、オ・トタル、スィス・タス、スィス・スークープ、スィス・キュイエール・ア・テ・エ・ユンヌ・テイエール]
合計で、カップ6個、ソーサー6個、ティースプーン6本、ティーポット1つが入っています。

C'est parfait. Pourriez-vous les emballer soigneusement, je vais les ramener au Japon.
[セ・パルフェ。プリエ・ヴ・レザンバレ・ソワニュズマン、ジュ・ヴェ・レ・ラムネ・オ・ジャポン]
結構です。日本に持って行くのでしっかりと包装していただけますか？

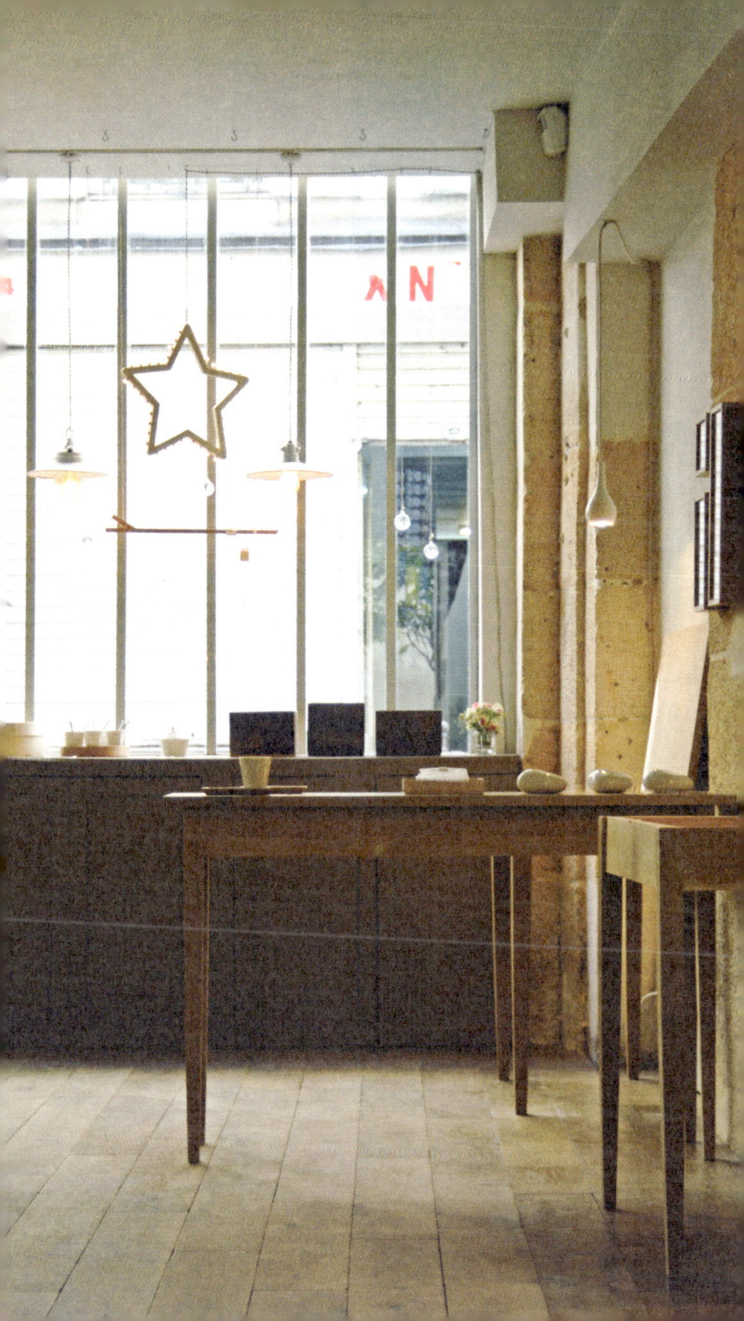

食器屋さん

【 un service à thé 】 [アン・セルヴィス・ア・テ] ティーセット

コーヒーセットならば service à café [セルヴィス・ア・カフェ]。ナイフ、フォーク、スプーンなどのセットは couvert [クヴェール] (*m.*)。いくつかの食器やカトラリーの束は lot [ロ] (*m.*) と売られていることも多い。対してバラの1つは pièce [ピエス] (*f.*)。

C'est combien la pièce? [セ・コンビヤン・ラ・ピエス]
1個いくらですか?

Cinq euros la pièce, dix euros pour trois.
[サンキューロ・ラ・ピエス、ディズユーロ・プール・トロワ]
1個5ユーロ、3個で10ユーロです。

【 C'est trop chargé. 】 [セ・トロ・シャルジェ]
飾りすぎです。

bien décoré [ビヤン・デコレ] なら、"よく装飾された"。simple [サーンプル] (シンプルな)、mignon [ミニョン] (洒落た)、délicat [デリカ] (繊細な)、discret [ディスクレ] (控えめな) などとも言える。絵や模様は dessin [デサン] (*m.*)、レリーフは relief [ルリエフ] (*m.*)。取っ手つきは avec anse [アヴェク・アーンス]。

J'aime ce dessin discret.
[ジェム・ス・デサン・ディスクレ]
この控えめな模様がいいですね。

【 emballer pour ramener au Japon 】
[アンバレ・プール・ラムネ・オ・ジャポン]
日本に持って行くように包装する

食器など割れ物は避けたいけれど、かさ張るものや重いものなどはお店、もしくは郵便局で郵送を頼んでみよう。でも郵送代は覚悟を。

Je voudrais l'envoyer au Japon le moins cher possible.
[ジュ・ヴドレ・ランヴォワイエ・オ・ジャポン・ル・モワン・シェール・ポシィーブル]
もっとも安い方法でこれを日本に送りたいのですが。

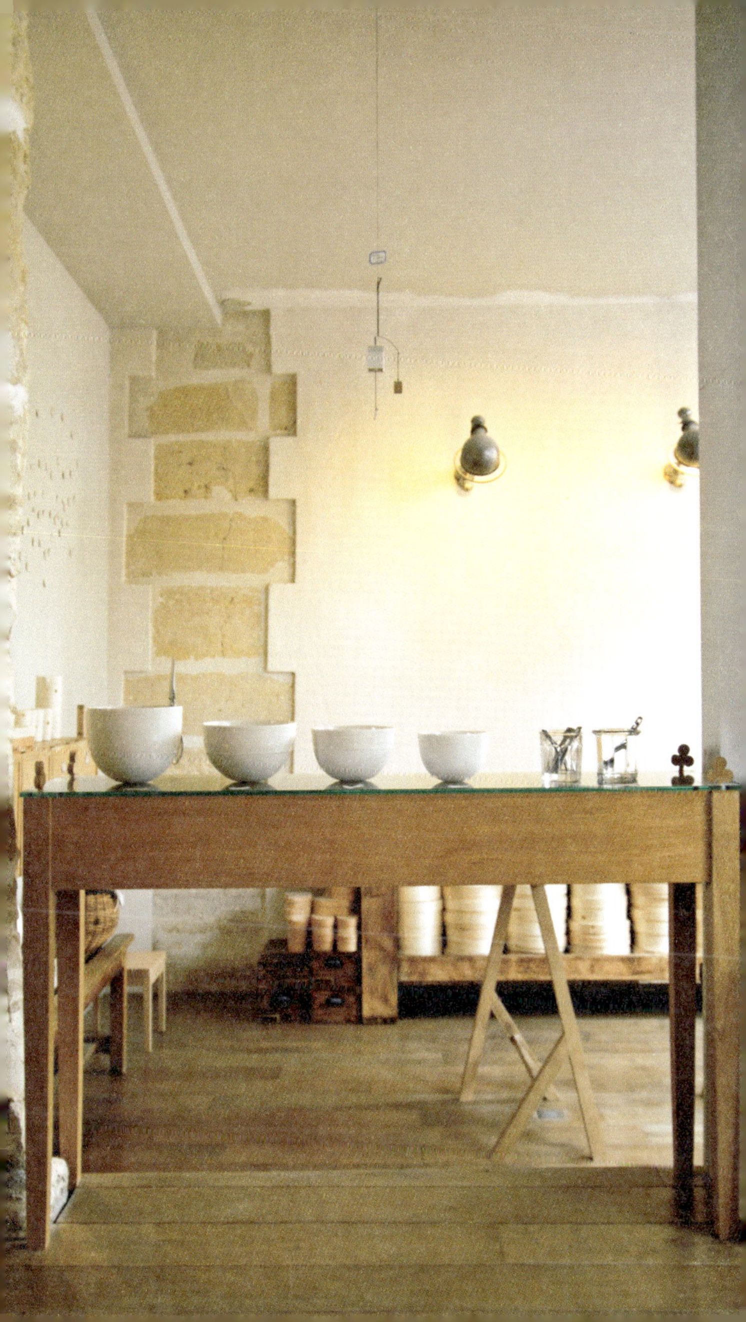

食器屋さんにあるもの

【 la vaisselle 】 [ラ・ヴェセル]　食器

verre [ヴェール] (*m.*)　グラス
verre à vin [ヴェール・ア・ヴァン] (*m.*)　ワイングラス
flûte à champagne [フリュート・ア・シャンパーニュ] (*f.*)　シャンパングラス
carafe [カラフ] (*f.*)　カラフ
pichet [ピシェ] (*m.*)　ピッチャー
gobelet [ゴブレ] (*m.*)　コップ
vase [ヴァーズ] (*m.*)　花瓶

service [セルヴィス] (*m.*)　セット
set à café [セット・ア・カフェ] (*m.*)　コーヒーセット
tasse [タス] (*f.*)　カップ
tasse à café [タス・ア・カフェ] (*f.*)　コーヒーカップ
sous-tasse [スー・タス] (*f.*)　ソーサー
soucoupe [スークープ] (*m.*)　ソーサー
mug [ムグ] (*m.*)　マグカップ
théière [ティエール] (*f.*)　ティーポット
cafetière [カフティエール] (*f.*)　コーヒーポット

bol [ボル] (*m.*)　ボウル、カフェオレボウル
saladier [サラディエ] (*m.*)　サラダボウル
soupière [スピエール] (*f.*)　スープ用鉢
coquetier [コクティエ] (*m.*)　エッグスタンド
pot à glace [ポ・ア・グラス] (*m.*)　アイスクリーム用器
pot à confiture [ポ・ア・コンフィテュール] (*m.*)　ジャム用瓶

assiette [アスィエット] (*f.*)　皿
assiette à dessert [アスィエット・ア・デセール] (*f.*)　デザート皿
assiette à soupe [アスィエット・ア・スープ] (*f.*)　スープ皿
plat [プラ] (*m.*)　大皿
plat à four [プラ・ア・フール] (*m.*)　耐熱皿

gobelet

vase

service à café

set à café

bol

saladier

食器屋さんにあるもの

fourchette [フルシェット] (f.) フォーク
couteau [クートー] (m.) ナイフ、包丁
cuillère [キュイエール] (f.) スプーン
cuillère à café [キュイエール・ア・カフェ] (f.) コーヒースプーン
cuillère à soupe [キュイエール・ア・スープ] (f.) スープスプーン
porte-couteau [ポルト・クートー] (m.) ナイフ置き
pelle à tarte [ペル・ア・タルト] (f.) ケーキサーバー

moulin à sel [ムーラン・ア・セル] (m.) 塩挽き器
moulin à poivre [ムーラン・ア・ポワーヴル] (m.) こしょう挽き器

pot à glace

assiette

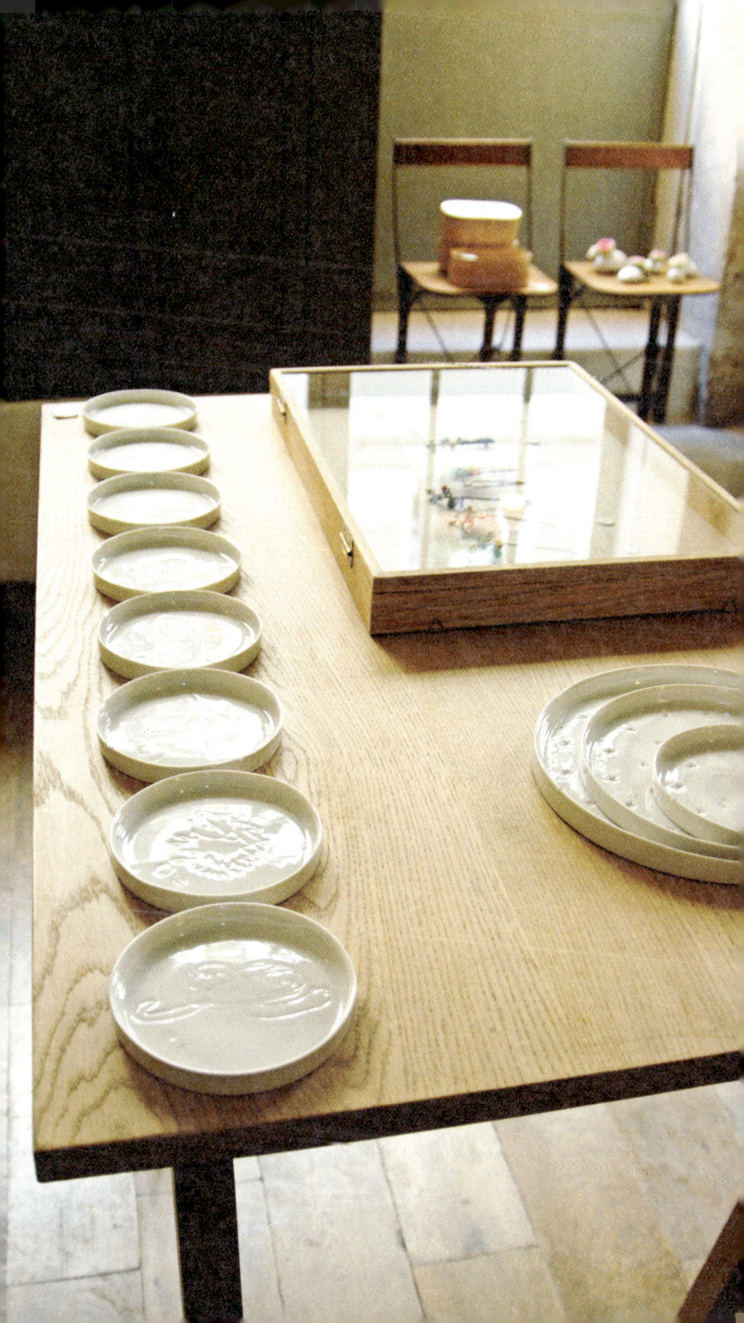

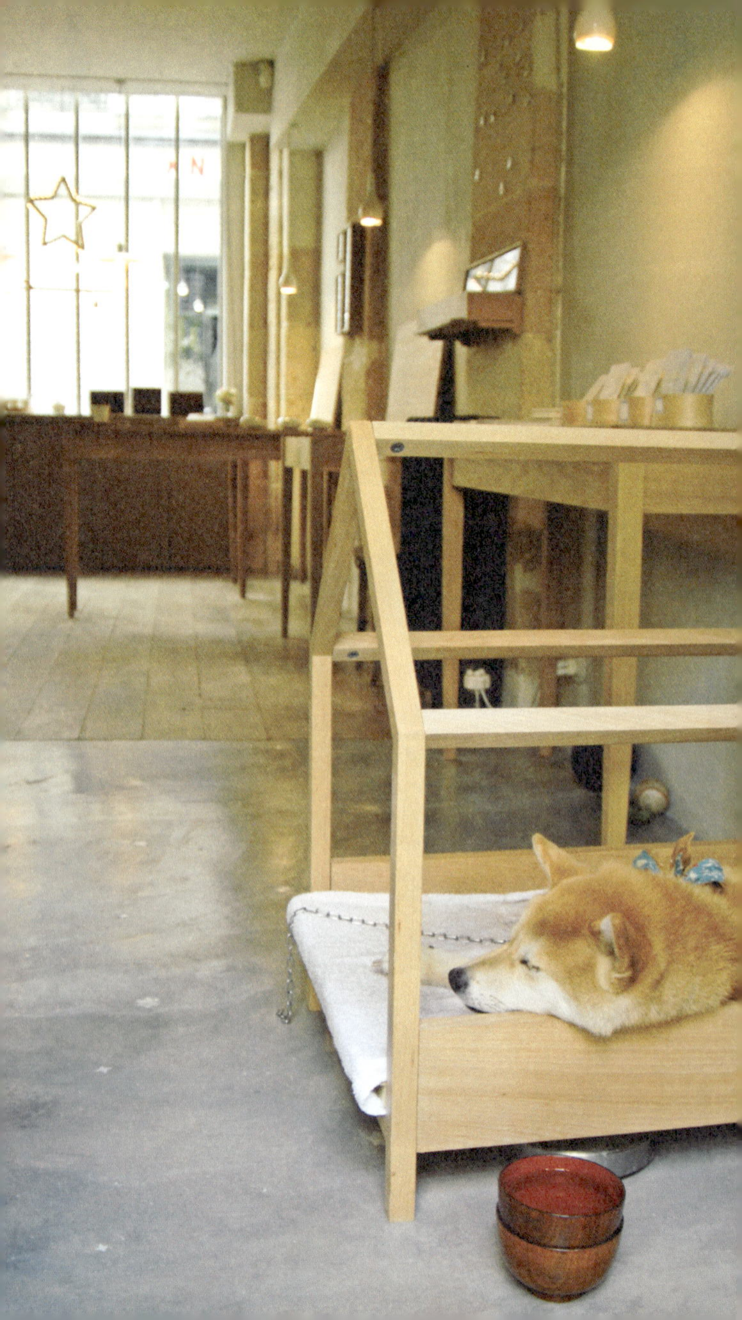

CHAPITRE
3
好みを伝えよう

店員さんに、欲しい物をさらに細かく伝えるために、
知っておきたいフレーズ。
店の棚に出ていなくとも、色や素材などを指定すれば、
奥から引っ張り出してくれるかもしれない。
プレゼント選びだって、
センスのいいパリの店員さんのお知恵を拝借！

好みの色を伝える

買う物を決断する上で、色合いは大切な要素。棚に並んでいなくとも、他にもいろんな色があるかもしれない。店員さんにさまざまな色の商品を出してもらい、好みの色を見つけよう。

Il y a d'autres couleurs?
[イリヤ・ドートル・クルール]
他の色はありますか?

Quelle couleur préférez-vous?
[ケル・クルール・プレフェレ・ヴ]
何色がお好みですか?

Je préfère le bleu pâle.
[ジュ・プレフェール・ル・ブルー・パール]
薄いブルーが好みです。

Avez-vous le même modèle en rouge?
[アヴェ・ヴ・ル・メム・モデル・アン・ルージュ]
同じモデルの赤色はありますか?

Oui, j'ai deux types de rouge.
[ウィ・ジェ・ドゥー・ティプ・ドゥ・ルージュ]
はい、2種類の赤がございます。

Un plus foncé et l'autre plus clair.
[アン・プリュ・フォンセ・エ・ロートル・プリュ・クレール]
より濃い赤とより薄い赤です。

Je voudrais le plus foncé.
[ジュ・ヴドレ・ル・プリュ・フォンセ]
濃い方をください。

Je cherche un tissu violet à pois jaunes.
[ジュ・シェルシュ・アン・ティスュ・ヴィヨレ・ア・ポワ・ジョーヌ]
紫地に黄色の水玉の布地を探しています。

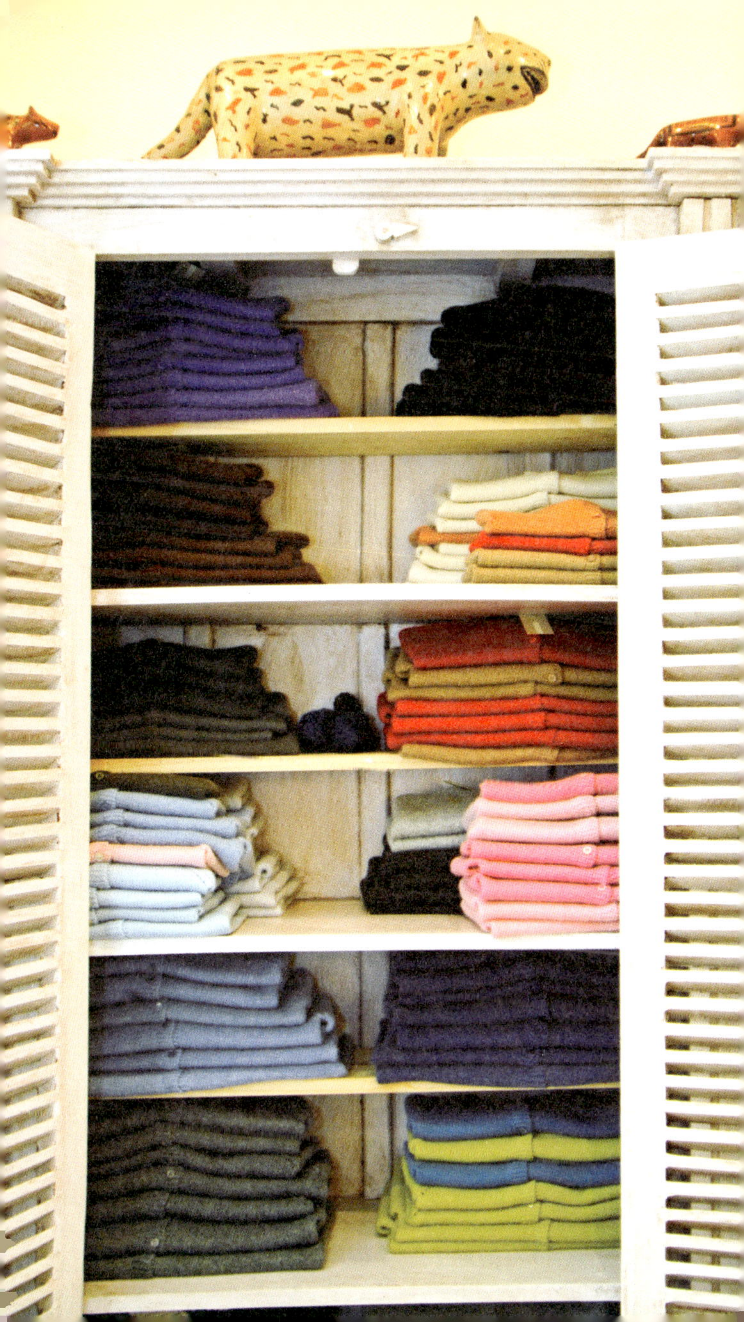

好みの色を伝える

【 la couleur 】 [ラ・クルール] 色

noir [ノワール] (m.) 黒　noir／noire [ノワール] 黒い
blanc [ブラン] (m.) 白　blanc／blanche [ブラン／ブランシュ] 白い
gris [グリ] (m.) グレー　gris／grise [グリ／グリーズ] グレーの
bleu [ブルー] (m.) 青　bleu／bleue [ブルー] 青い
indigo [アンディゴ] (m.) 藍　indigo [アンディゴ] 藍色の
azur [アズュール] (m.) 紺碧　azuré／azurée [アズュレ] 紺碧の
rose [ローズ] (m.) ピンク　rose [ローズ] ピンクの
rouge [ルージュ] (m.) 赤　rouge [ルージュ] 赤い
bordeaux [ボルドー] (m.) 赤紫　bordeaux [ボルドー] 赤紫の
violet [ヴィオレ] (m.) 紫　violet／violette [ヴィオレ／ヴィオレット] 紫の
brun [ブラン] (m.) 茶　brun／brune [ブラン／ブリュンヌ] 茶色の
beige [ベージュ] (m.) ベージュ　beige [ベージュ] ベージュ色の
marron [マロン] (m.) 栗色　marron [マロン] 栗色の
orange [オランジュ] (m.) オレンジ　orange [オランジュ] オレンジ色の
jaune [ジョーヌ] (m.) 黄　jaune [ジョーヌ] 黄色い
vert [ヴェール] (m.) 緑　vert／verte [ヴェール／ヴェルト] 緑の
or [オール] (m.) 金　doré／dorée [ドレ] 金色の
argent [アルジャン] (m.) 銀　argenté／argentée [アルジャンテ] 銀色の

微妙な色の表現あれこれ

上記の色に下記の形容詞をつければ、より細かく色の指定ができる。

pâle [パール] 薄い
clair／claire [クレール] 明るい
foncé／foncée [フォンセ] 濃い
sombre [ソンブル] 暗い
mat／mate [マット] くすんだ
vif／vive [ヴィフ／ヴィーヴ] 鮮やかな
pastel [パステル] パステルの

【 le motif 】 [ル・モティーフ]　模様

uni／unie [ユニ]　無地の
à fleurs [ア・フルール]　花柄の
à pois [ア・ポワ]　水玉の
à carreaux [ア・カロー]　チェックの
rayé／rayée [レイエ]　ストライプが入った
à rayure [ア・レイユール]　ストライプの
rayures verticales [レイユール・ヴェルティカル] (f.)　縦縞
rayures horizontales [レイユール・オリゾンタール] (f.)　横縞
vichy [ヴィシー] (m.)　ギンガムチェック
tartan [タルタン] (m.)　タータンチェック
écossais／écossaise [エコセ／エコセーズ]　タータンチェックの
pied-de-poule [ピエ・ドゥ・プール] (m.)　千鳥格子
géométrique [ジェオメトリック]　幾何学模様の
psychédélique [プスィケデリック]　サイケデリックな
imprimé／imprimée [アンプリメ]　プリントされた
brodé／brodée [ブロデ]　刺繍された

使用されている素材を知る

素材を言う場合は、"名詞＋en＋素材（無冠詞）"の形。une chemise en coton [ユンヌ・シュミーズ・アン・コトン]（綿のシャツ）、des chaussures en cuir de vache [デ・ショスュール・アン・キュール・ドゥ・ヴァッシュ]（牛革の靴）、un panier en osier [アン・パニエ・アン・ノズィエ]（柳のかご）などなど。分からなければ聞いてみよう。

En quelle matière est-il?
[アン・ケル・マティエール・エティル]
それは何の素材ですか？

Il est en laine.
[イレ・アン・レーヌ]
それはウールです。

Je préfère en cachemire.
[ジュ・プレフェール・アン・カシュミール]
カシミヤ製がいいのですが。

Celui-ci est fabriqué en cachemire.
[スリュイ・スィ・エ・ファブリケ・アン・カシュミール]
これはカシミヤで作られていますよ。

C'est un vrai cuir?
[セタン・ヴレ・キュイール]
本皮ですか？

Non, c'est une imitation cuir.
[ノン、セテュンヌ・イミタスィヨン・キュイール]
いいえ、それは合成皮です。

"これ"、"あれ"の指示代名詞

日常的によく使うのが "ça [サ]" で、この一文字で何でも指すことができる。遠近などの区別をつけたい場合には、"ceci [ススィ]（これ）"、"cela [スラ]（あれ）"（P.012参照）。一度話題に出てきた物を示すなら、男性名詞は "celui [スリュイ]"、女性名詞は "celle [セル]"。並んだ同じ物を区別して言う時は "celui-ci [スリュイ・スィ]（これ）"、"celui-là [スリュイ・ラ]（あれ）"。どっちがいいかなど、お店で品物を選ぶ時にもっともよく使う言葉なので、しっかり覚えておこう。

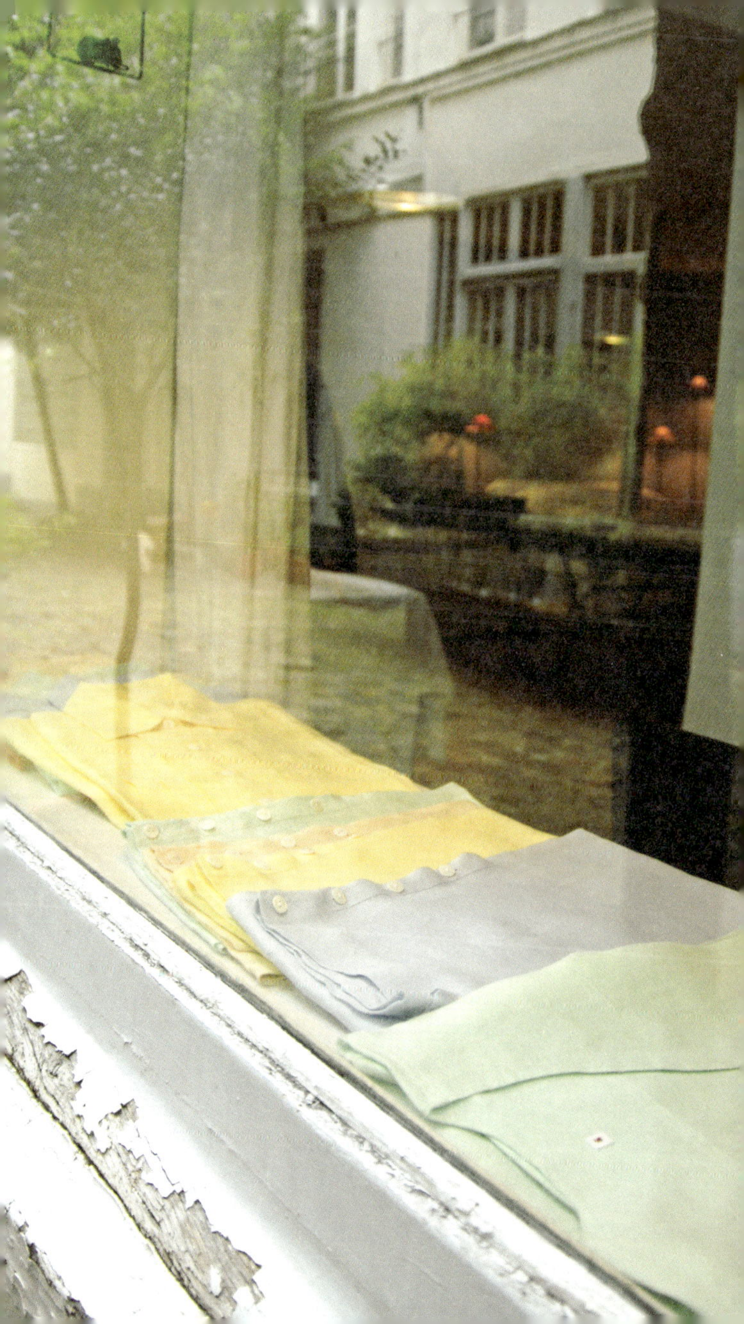

使用されている素材を知る

【 la matière 】 [ラ・マティエール]　素材

coton [コトン] (m.)　綿
toile [トワル] (f.)　キャンバス地
canevas [カンヴァ] (m.)　キャンバス地
lin [ラン] (m.)　亜麻
chanvre [シャンヴル] (m.)　麻
laine [レーヌ] (f.)　ウール
cachemire [カシュミール] (m.)　カシミヤ
soie [ソワ] (f.)　シルク
satin [サタン] (m.)　サテン
polyester [ポリエステール] (m.)　ポリエステル
nylon [ニロン] (m.)　ナイロン
polyamide [ポリアミド] (m.)　ポリアミド（ナイロン）
rayonne [レイヨンヌ] (f.)　レーヨン
viscose [ヴィスコーズ] (f.)　ビスコース（レーヨン）
acrylique [アクリリック] (m.)　アクリル
élasthanne [エラスタンヌ] (f.)　ストレッチ素材、スパンデックス
jersey [ジェルゼイ] (m.)　ジャージー

cuir [キュイール] (m.)　皮革
peau [ポー] (f.)　皮革
imitation cuir [イミタスィヨン・キュイール] (f.)　人工皮革、合成皮革
vache [ヴァッシュ] (f.)　牛皮
veau [ヴォー] (m.)　子牛皮、カーフ
buffle [ビュフル] (m.)　水牛皮
porc [ポール] (m.)　豚皮
agneau [アニョー] (m.)　子羊皮
mouton [ムートン] (m.)　羊皮
chèvre [シェーヴル] (f.)　山羊皮
chamois [シャモワ] (m.)　シャモア皮
velours [ヴルール] (m.)　ヌバック、ビロード
fourrure [フリュール] (f.)　毛皮
fausse fourrure [フォース・フリュール] (f.)　人工毛皮

bois [ボワ] (m.) 木
paille [パイユ] (f.) 藁
rotin [ロタン] (m.) 籐
osier [オズィエ] (m.) 柳
raphia [ラフィア] (m.) ラフィア(椰子の葉)
papier [パピエ] (m.) 紙
pierre [ピエール] (f.) 石
céramique [セラミック] (f.) セラミックス
faïence [ファイヤーンス] (f.) 陶器
porcelaine [ポルスレーヌ] (f.) 磁器
verre [ヴェール] (m.) ガラス
cristal [クリスタル] (m.) クリスタルガラス
or [オール] (m.) 金
argent [アルジャン] (m.) 銀
argenté／argentée [アルジャンテ] 銀めっきの
métal [メタル] (m.) 金属
plastique [プラスティク] (m.) プラスチック

ケアラベルを見てみよう

衣服などについているケアラベルのマークは日本とは異なるため、ご注意を。でも意味合いは、だいたい日本のものと同じ。せっかく手に入れたお気に入りの服は、丁寧に手入れしながら使っていきたいもの。

Lavage [ラヴァージュ]（*m.*） 洗濯表示
このマークは洗濯の表示。中の数字は洗濯温度の上限を示す。下線が増えるほど、よりやさしく洗ってね、という意味。

Lavage à la main [ラヴァージュ・ア・ラ・マン] 手洗い表示
洗濯表示に手が入っているもの。

Lavage interdit [ラヴァージュ・アンテルディ] 水洗い禁止表示
洗濯表示にバツ印が入っているもの。

Blanchiment [ブランシマン]（*m.*） 塩酸素系漂白表示
塩酸素系漂白が可能。酸素系漂白のみできるものには三角形に斜線、塩酸素系漂白が禁止のものには黒三角形にバツ印が入る。

Séchage en tambour [セシャージュ・アン・タンブール]（*m.*）
乾燥機表示
中に点が1つあるものは控えめに、2つあるものは普通に乾燥機にかけられる。バツ印が入っていれば、乾燥機使用禁止。

Repassage [ルパサージュ]（*m.*） アイロンがけ表示
中に点が1つあるものは110℃以下の温度で、2つあるものは150℃以下の温度で、3つあるものは200℃以下の温度でアイロンがけができる。バツ印が入っているものはアイロンがけ禁止。

Nettoyage à sec [ネトワイヤージュ・ア・セック]（*m.*）
ドライクリーニング表示
中にPの文字があるものはパークロルエチレン、石油系溶剤が使える。Fの文字があるものは石油系溶剤のみ使える。Wの文字があるものはアクアクリーニングが可能。下線があればよりやさしく洗うことを促す。バツ印が入っていれば、ドライクリーニング禁止。黒塗りの円にバツ印はアクアクリーニング禁止。

1. joue
2. collier
3. talon collier
4. entrecôte
   poitrine
5. paleron
6. boîte à moelle
7. gîte
8. côtes découvertes premières
9. plates-côtes
10. poitrine
    rumsteck
    crosse
    jarret
    pied
11. filet
12.
13. ...vette
    ...aloyau
14. flanchet
15. culotte
16. tranche grasse
17. gîte a la noix
18. gîte

予算を伝える

自分の買える値段の範囲を伝えるのも大切。お門違いの物を見せてもらっても、店員さんの手を煩わせるだけ。

Je cherche un stylo autour de cinquante euros.
[ジュ・シェルシュ・アン・スティロ・オトゥール・ドゥ・サンカント・ユーロ]
50ユーロあたりの万年筆を探しています。

Il est à soixante euros.
[イレ・ア・ソワサーント・ユーロ]
これは60ユーロです。

Vous n'avez pas moins cher?
[ヴ・ナヴェ・パ・モワン・シェール]
もっと安いものはありますか？

J'en ai un à quarante-cinq euros, mais il est moins joli.
[ジャネ・アン・ア・カラント・サンキューロ、メ・イレ・モワン・ジョリー]
45ユーロのものがありますが、美しさに欠けますよ。

Celui-là coûte combien?
[スリュイ・ラ・クート・コンビヤン]
あれはおいくらですか？

Il est deux fois plus cher que celui-ci.
[イレ・ドゥー・フォワ・プリュ・シェール・ク・スリュイ・スィ]
これの2倍の値段ですよ。

C'est trop cher pour moi.
[セ・トロ・シェール・プール・モワ]
それは私には高すぎるわ。

Il y a une promotion sur cette marque. Il est à moitié prix.
[イリヤ・ユンヌ・プロモースィヨン・スュル・セット・マルク。イレ・ア・モワティエ・プリ]
このブランドのキャンペーンがありますよ。通常の半分の値段です。

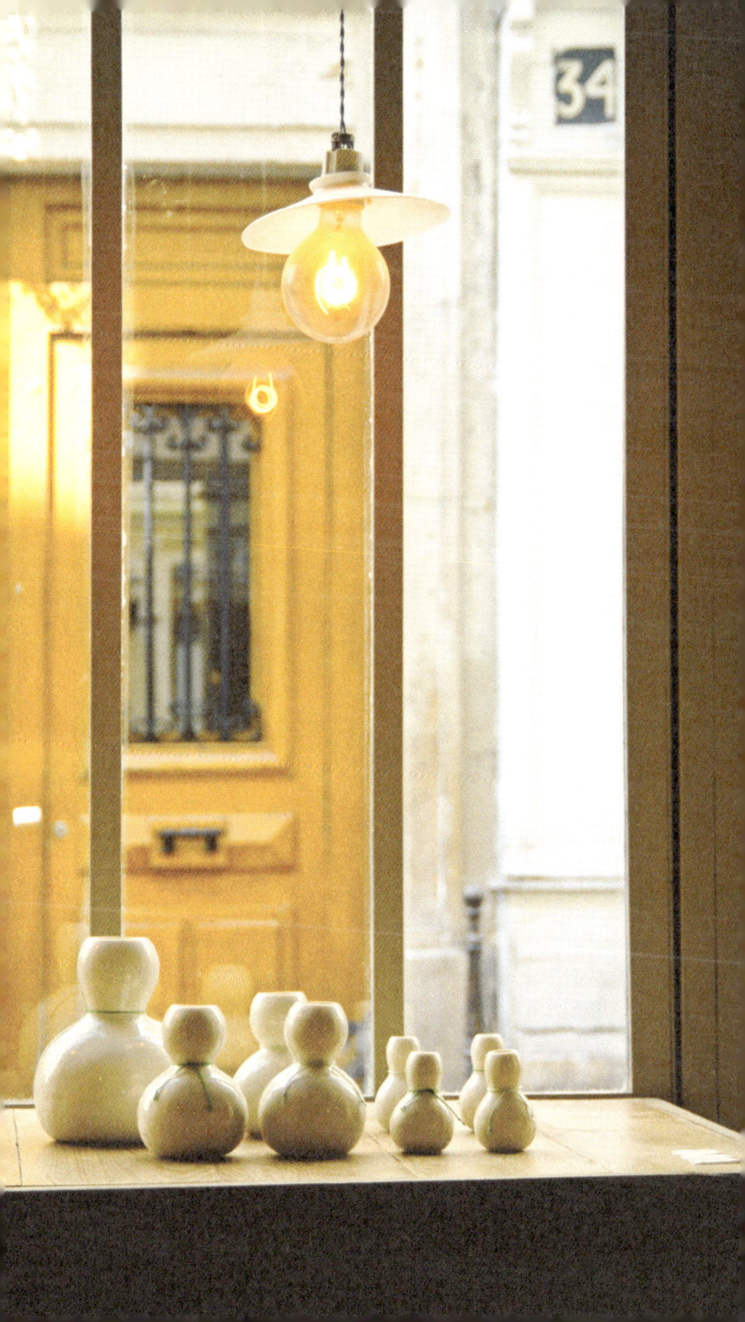
34

予算を伝える

【 autour de 〜 】 [オトゥール・ドゥ]　〜あたりで

à peu près [ア・プ・プレ]、environ [アンヴィロン]（だいたい）などとつけてもいい。"〜以下の値段で"ならば、à moins de 〜 [ア・モワン・ドゥ]、"〜以上の値段で"ならば、à plus de 〜 [ア・プリュス・ドゥ]。

Je voudrais une montre à moins de deux cents euros.
[ジュ・ヴドレ・ユンヌ・モントル・ア・モワン・ドゥ・ドゥー・サン・ユーロ]
200ユーロ以下の腕時計が欲しいです。

【 Il est à soixante euros. 】 [イレ・ア・ソワサント・ユーロ]
これは60ユーロです。

"à＋値段"で"いくらの"という意味。un T-shirt à dix euros [アン・ティ・シュルト・ア・ディズューロ]（10ユーロのTシャツ）、trois cahiers à cinq euros [トロワ・カイエ・ア・サンキューロ]（3冊で5ユーロのノート）など。

J'ai acheté un escarpin à cent euros.
[ジェ・アシュテ・アン・ネスカルパン・ア・サン・ユーロ]
100ユーロのパンプスを買った。

Je vous le laisse à vingt euros.
[ジュ・ヴ・ル・レス・ア・ヴァンテューロ]
20ユーロでこれを売りますよ。

【 moins cher 】 [モワン・シェール]　もっと安い

反対はplus cher [プリュ・シェール]（もっと高い）。冠詞をつけると最上級になり、le moins cher [ル・モワン・シェール]（もっとも安い）、le plus cher [ル・プリュ・シェール]（もっとも高い）。倍の値段はdeux fois plus cher [ドゥー・フォワ・プリュ・シェール]、3倍の値段はtrois fois plus cher [トロワ・フォワ・プリュ・シェール]。半分の値段はdeux fois moins cher [ドゥー・フォワ・モワン・シェール]、1/3の値段はtrois fois moins cher [トロワ・フォワ・モワン・シェール]。

C'était deux fois moins cher dans une autre boutique.
[セテ・ドゥー・フォワ・モワン・シェール・ダンズュン・ノートル・ブティック]
他の店では半分の値段だったわ。

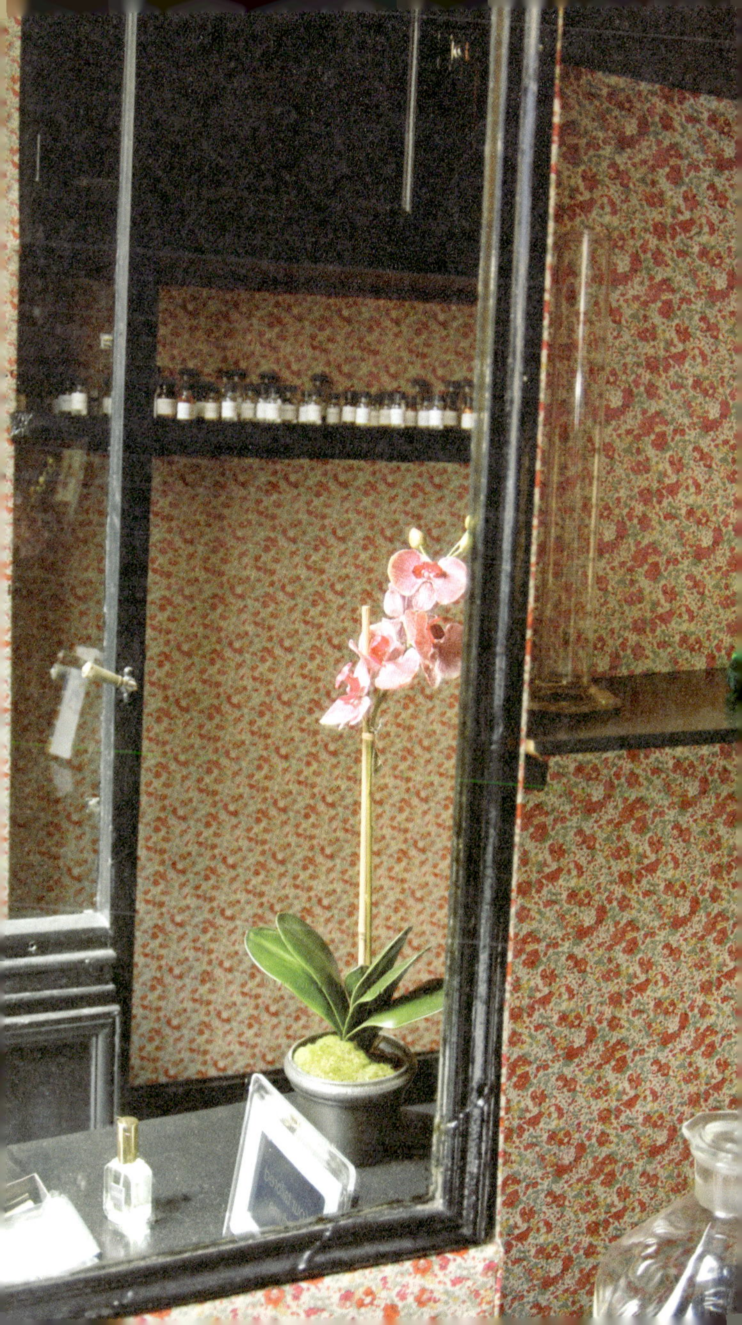

誰にあげるのか伝える

贈り物を探しているのならば、誰にあげるかを伝えれば、店員さんもアドバイスしやすい。いくつぐらいの歳なのか、どんなのが好みなのかまで分かれば、さらにプレゼントが選びやすくなるというもの。

C'est un cadeau pour mon père.
[セタン・カドー・プール・モン・ペール]
父へのプレゼントです。

Je voudrais l'offrir à ma mère.
[ジュ・ヴドレ・ロフリール・ア・マ・メール]
母にこれを贈りたいのです。

J'en fais cadeau à mon grand-père pour son anniversaire.
[ジャン・フェ・カドー・ア・モン・グラン・ペール・プール・ソン・ナニヴェルセール]
祖父の誕生日にそれをプレゼントします。

上記の"pour 〜"、"à 〜"（誰に）をあげたい人に替えて言ってみよう。ma grande-mère [マ・グランド・メール]（祖母）、mon mari [モン・マリ]（夫）、ma femme [マ・ファム]（妻）、mon bébé [モン・ベベ]（自分の赤ちゃん）、mon fils [モン・フィス]（息子）、ma fille [マ・フィーユ]（娘）、mon grand frère [モン・グラン・フレール]（兄）、mon petit frère [モン・プティ・フレール]（弟）、ma grande sœur [マ・グランド・スール]（姉）、ma petite sœur [マ・プティット・スール]（妹）、mon cousin [モン・クザン]（従兄弟）、ma cousine [マ・クジーヌ]（従姉妹）、mon neveu [モン・ヌヴー]（甥）、ma nièce [マ・ニエス]（姪）、mon copain [モン・コパン]（彼）、ma copine [マ・コピーヌ]（彼女）、un copain [アン・コパン]（男友達）、une copine [ユンヌ・コピーヌ]（女友達）、un bébé d'une amie [アン・ベベ・デュン・ナミ]（友達の赤ちゃん）、mon collègue [モン・コレーグ]（同僚）、mon patron [モン・パトロン]（上司）。

Il a la quarantaine. [イラ・ラ・カランテーヌ]
彼は40代です。

une dizaine d'années [ユンヌ・ディゼンヌ・ダネ]（10代）、la vingtaine [ラ・ヴァンテンヌ]（20代）、la trentaine [ラ・トランテンヌ]（30代）、la cinquantaine [ラ・サンカンテンヌ]（50代）、la soixantaine [ラ・ソワサンテンヌ]（60代）、plus de soixante-dix ans [プリュス・ドゥ・ソワサント・ディザン]（70歳以上）など。

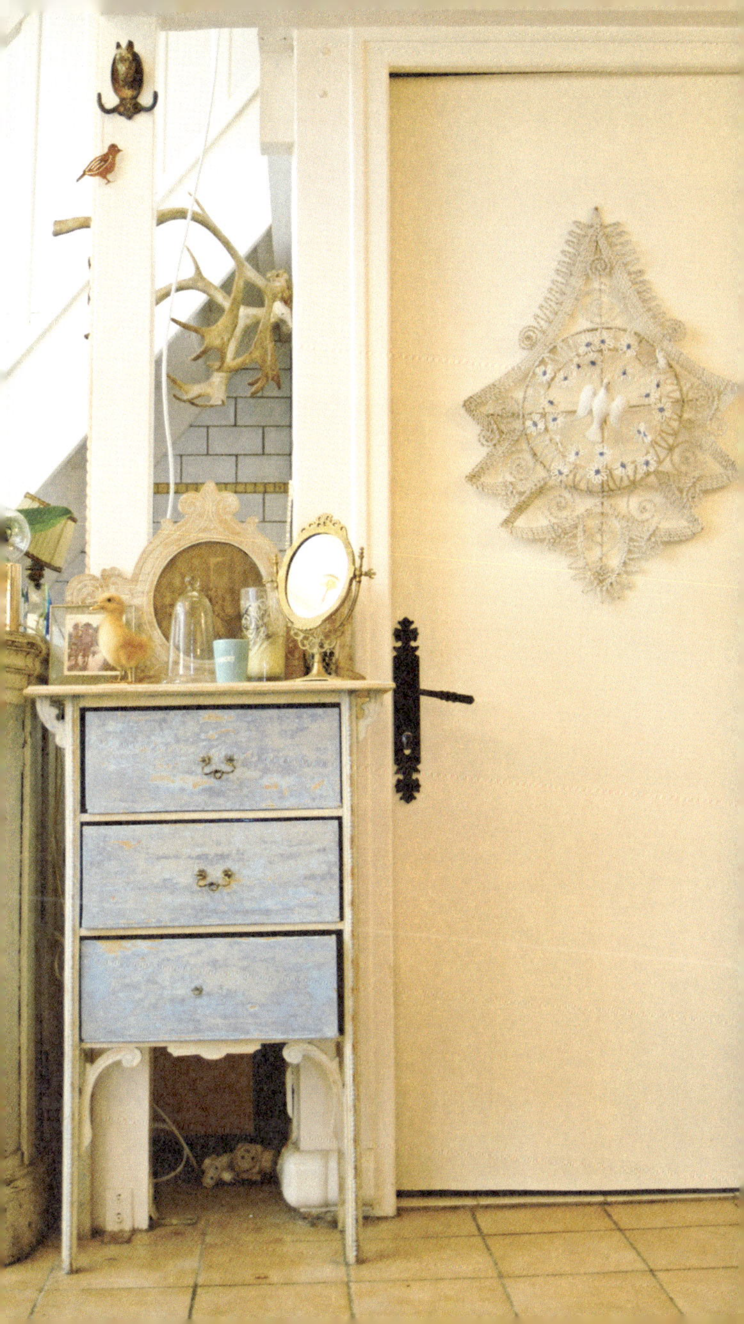

誰にあげるのか伝える

Elle aime les couleurs vivantes.
[エレム・レ・クルール・ヴィヴァント]
彼女は鮮やかな色が好きです。

les couleurs sombres [レ・クルール・ソンブル]（地味な色）、les couleurs claires [レ・クルール・クレール]（明るい色）、les couleurs foncées [レ・クルール・フォンセ]（濃い色）、les couleurs pastel [レ・クルール・パステル]（パステルカラー）。

Elle préfère le côté mignon.
[エル・プレフェール・ル・コテ・ミニョン]
彼女はかわいらしい方向が好みです。

le côté chic [ル・コテ・シック]（シックな方向）、le côté luxe [ル・コテ・リュクス]（豪華な方向）、le côté simple [ラ・コテ・サーンブル]（簡素な方向）。

Il a une taille moyenne.
[イラ・ユンヌ・ターイユ・モワイエンヌ]
彼は中背です。

Il est un peu gros.
[イレ・アン・プ・グロ]
彼はちょっと太っています。

une grande taille [ユンヌ・グランド・ターイユ]（背が高い）、une petite taille [ユンヌ・プティット・ターイユ]（背が低い）、gros／grosse [グロ・グロス]（太っている）、maigre [メーグル]（やせている）、costaud [コストー]（がっしりとした）など、洋服を買うときにひと言つけ加えよう。

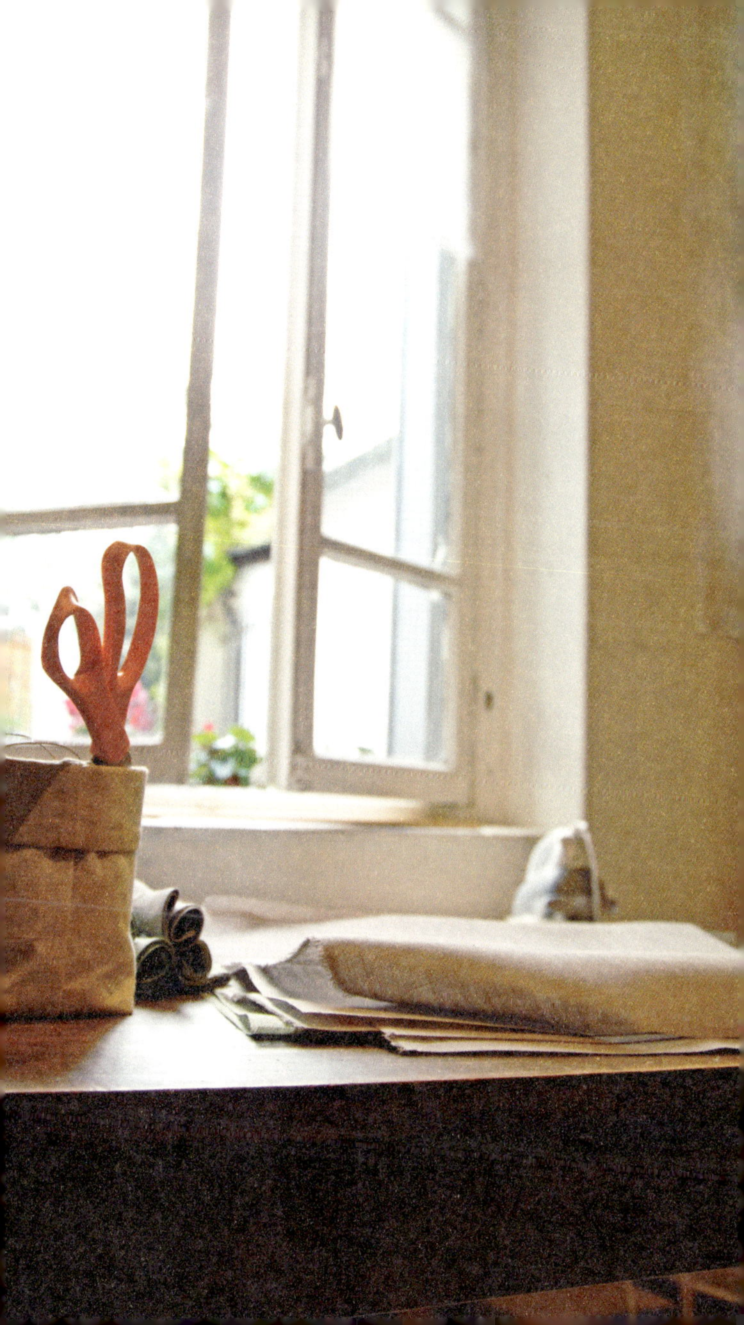

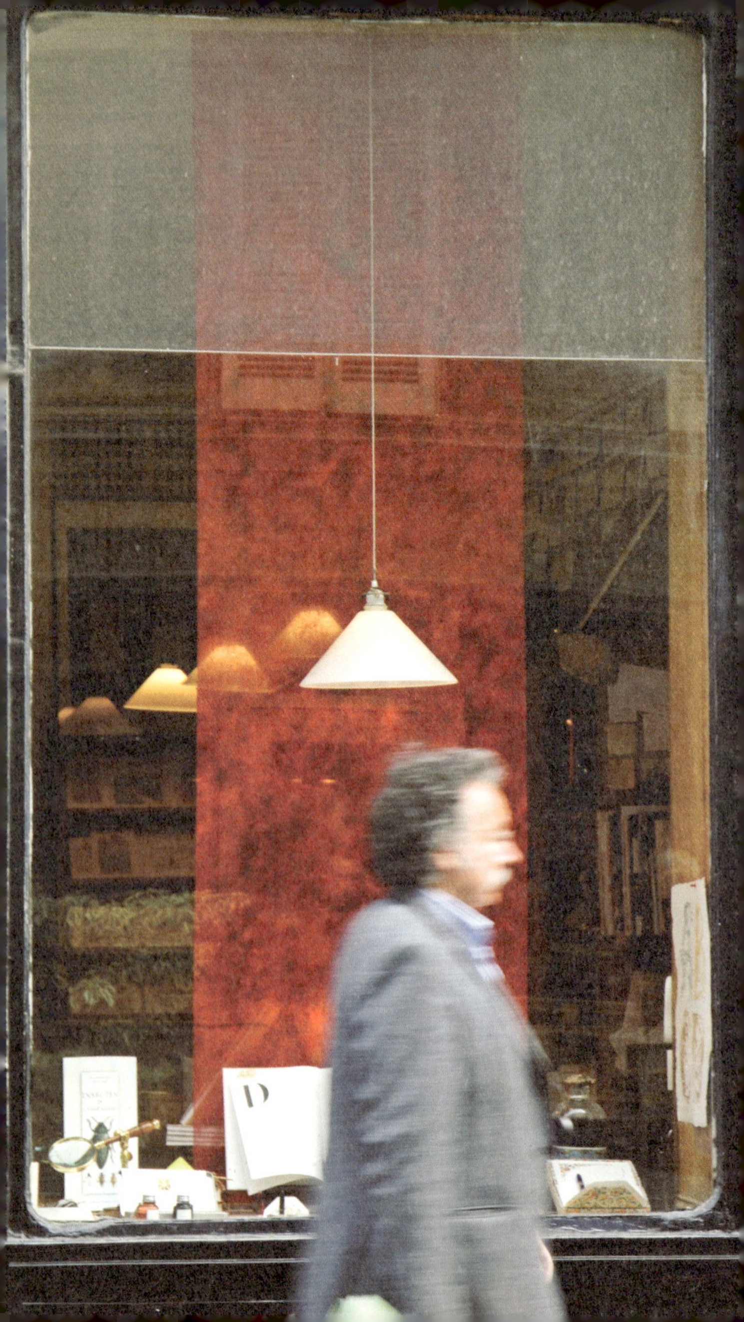
D

CHAPITRE
4
いざ買ってみよう

ユーロ紙幣の扱いや海外でのカード払いは不安なもの。
ここでは両替からATMの使い方までご紹介。
バーゲンや免税などお得情報もあるから、
パリでの買い物はもうやめられない、とまらない。
帰国して請求金額に驚かないように、
計画的なご利用を！

両替をする

フランスにお金を持って来る方法は、現金(円またはユーロ)、トラベラーズチェック、クレジットカードの大きく分けて3つ。円やトラベラーズチェックで持って来たのならば、まずは両替をしてもらわなくてはならない。

【 le change 】 [ル・シャンジュ]　両替

両替はchangeと書かれた銀行、郵便局、両替所、ホテルなどで。パリ内には観光名所近くなど、いろんなところに両替所があるけれど、レート(cours [クール] (*m.*))は場所によってさまざま。

Puis-je changer de l'argent?
[ピュイ・ジュ・シャンジェ・ドゥ・ラルジャン]
両替できますか?

Où est le bureau de change?
[ウ・エ・ル・ビュロー・ドゥ・シャンジュ]
両替所はどこですか?

両替所を見つけたら、店頭に出ているvente [ヴァント] (*f.*) (売り)、achat [アシャ] (*m.*) (買い)のJPYの数字を見る。たいていは100円に対してのユーロ表記になっている。ユーロを買うわけだから、achatの数字が高いほどレートがいい(1ユーロに対しての表記ならば数字が低いほどいい)。sans commission [サン・コミスィヨン] と書かれていれば、"手数料なし"。commission incluse [コミスィヨン・アンクリューズ] ならば、すでにレートに加算されているということ。手数料なしでもレートに加算されているのが基本。

Vous prenez une commission?
[ヴ・プルネ・ユンヌ・コミスィヨン]
手数料を取りますか?

Je voudrais changer des yens en euros.
[ジュ・ヴドレ・シャンジェ・デ・イェン・アン・ニューロ]
円をユーロに両替したいです。

高額のお札で欲しくない時は、

Donnez-moi des billets de vingt euros.
[ドネ・モワ・デ・ビエ・ドゥ・ヴァンテューロ]
20ユーロ札でください。

Pourriez-vous me changer cent euros en billets de dix euros.
[プリエ・ヴ・ム・シャンジェ・サン・ユーロ・アン・ビエ・ドゥ・ディズューロ]
100ユーロを10ユーロ札に崩してください。

【 le chèque de voyage 】 [ル・シェック・ドゥ・ヴォワイヤージュ]
トラベラーズチェック

使用時に本人のサインが必要なため、盗難時に安心。そのままではお店で使えないので、銀行や両替所で換金してもらおう。パスポートの提出が必要。

Pourriez-vous changer le chèque de voyage?
[プリエ・ヴ・シャンジェ・ル・シェック・ドゥ・ヴォワイヤージュ]
トラベラーズ・チェックを換金していただけますか?

Oui, votre pièce d'identité, s'il vous plaît.
[ウィ、ヴォトル・ピエス・ディダンティテ、シル・ヴ・プレ]
ええ、身分証明書をお願いします。

Signez ici, s'il vous plaît.
[スィニェ・イスィ、シル・ヴ・プレ]
ここにサインをお願いします。

クレジットカードで払う

フランスではクレジットカードや小切手で支払うのが一般的。どの店でもほとんどカードが使えるけれど、下限額などが決まっていることも多いので、支払う前に確認を。現金は les espèces [レゼスペス] (*f.*)、クレジットカードは la carte bleue [ラ・カルト・ブルー]。

Comment réglez-vous? [コマン・レグレ・ヴ]
お支払いはどうなさいますか？

Je paie en espèces. [ジュ・ペイ・アン・ネスペス]
現金で払います。

Je peux payer avec la carte bleue?
[ジュ・プ・ペイエ・アヴェク・ラ・カルト・ブルー]
クレジットカードで支払えますか？

Bien sûr, vous pouvez l'utiliser.
[ビヤン・スュル、ヴ・プヴェ・リュティリゼ]
もちろん、カードを使えますよ。

Je suis désolé. On ne l'accepte qu'à partir de dix euros.
[ジュ・スュイ・デゾレ、オン・ヌ・ラクセプトゥ・カ・パルティール・ドゥ・ディズユーロ]
申し訳ありません。カード使用は10ユーロ以上のみになっております。

と言われたら、仕方がないので現金で払おう。

クレジットカードの支払いは機械にカードを挿入して、4ケタの暗証番号を押すシステム。日本と違い、サインではないのでちゃんと暗証番号を覚えておこう。カードの機械にはたいていこんな表示が出る。

Choisissez votre langue. [ショワズィセ・ヴォトル・ラング]
使用言語を選んでください。

英語ならば"En"、フランス語ならば"Fr"を選び、緑色のボタン（valider [ヴァリデ] 有効にする）を押す。

Insérez votre carte.
[アンセレ・ヴォトル・カルト]
カードを挿入してください。

Patientez.
[パスィヤンテ]
お待ちください。

Saisissez le code.
[セズィセ・ル・コード]
暗証番号を入力してください。

金額を確認したら自分の暗証番号を入力し、緑色のボタンを押す。番号を間違えて入力してしまったら黄色のボタン（corriger [コリジェ] 訂正する）を押せば一文字ずつ訂正できる。

Code bon. [コード・ボン]
正しい暗証番号です。

Paiement accepté. [ペマン・アクセプテ]
支払いを承認。

Retirez votre carte. [ルティレ・ヴォトル・カルト]
カードをお取りください。

キャンセルは赤いボタン（annuler [アニュレ] 取り消す）。カードは控えのレシートとともに店員さんが渡してくれることも。

クレジットカードで支払う

ICチップつきのカードでなければダメだったり、外国のカードではうまく照会できなかったり、カードが確実に使えるかは店による。ちなみに機械はカードを通す方法と、差し込んで読み取る方法の2種類ある場合があり、ICチップつきならば通してダメなら、差し込んでもらおう。それでもうまくいかない場合は、

Ma carte ne marche pas. [マ・カルト・ヌ・マルシュ・パ]
カードの調子が悪いです。

Elle ne passe pas. [エル・ヌ・パス・パ]
承認されません。

店員さんが見ても無理ならば、現金で払うか、街中のATMでキャッシングするしかない。パリならばいたるところにATMがあるのでご心配なく。

Où est le distributeur de billets le plus près d'ici?
[ウ・エ・ル・ディストリビュトゥール・ドゥ・ビエ・ル・プリュ・プレ・ディスィ]
もっとも近いATMはどこですか？

Indiquez-le-moi sur le plan. [アンディケ・ル・モワ・スュル・ル・プラン]
地図上で指し示してください。

Je reviens tout de suite. [ジュ・ルヴィヤン・トゥー・ドゥ・スュイット]
すぐ戻ります。

と、ATMまで走ろう。ATMの操作方法はクレジットカードの機械とほぼ同じ。Saisissez la somme. [セズィセ・ラ・ソム]（金額を入力してください）と表示されたら、欲しい金額を押せばいいだけ。どちらを使うとしても、最後にカードを抜き取ることをお忘れなく。

パリのATMはこんな風に壁にのめり込んだ状態で、銀行の入り口などの道端に設置されているため、24時間いつでも使用可。Retrait [ルトレ] (*m.*)とは"引き出し"という意味。他に En service [アン・セルヴィス]（使用できます）とランプがついているものあり。

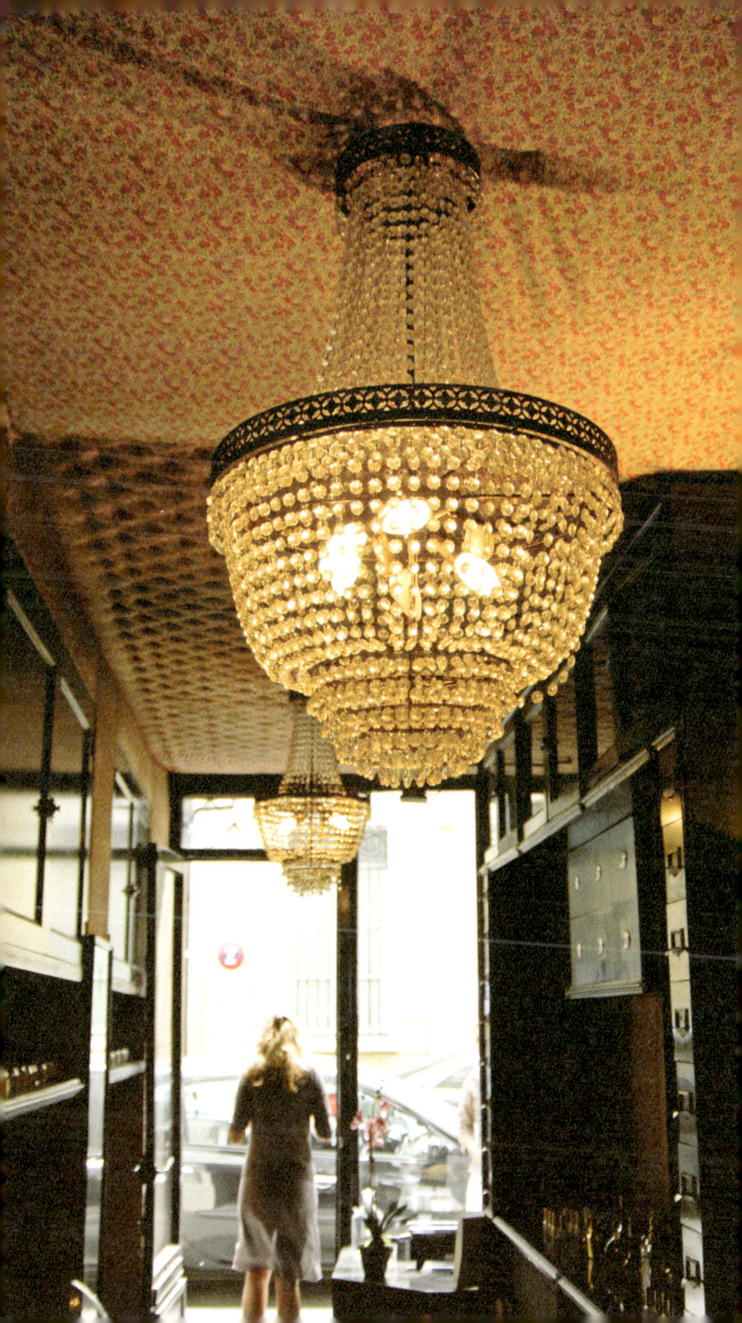

安売りを活用する

フランスではバーゲンの時期が決まっており、冬ならば1月中旬から、夏ならば6月末から1カ月ほど、どこもかしこも安売りになる。近年は不況の影響で、この時期は大幅に延長されている場合もあるから、運よくバーゲンに当たったら、積極的にお店を覗いてみよう。

【 les soldes 】 [レ・ソルド] (m.)　バーゲン

この文字が店頭に躍っていたら、バーゲンと言うこと。動詞 solder [ソルデ] は"安売りする"。他に promotion [プロモースィョン] (f.) (安売りキャンペーン) や casse le prix [カス・ル・プリ] (f.) (価格破壊)、balayage de stock [バレイヤージュ・ドゥ・ストック] (m.) (在庫一掃)、fin de série [ファン・ドゥ・セリ] (f.) (見切り品) などとも書かれている。-20% à la caisse [モワン・ヴァン・プール・サン・ア・ラ・ケス] なら、レジにて20%オフということ。バーゲン対象外商品は hors soldes [オール・ソルド]。

Les prix des tous les articles sont réduits de trente pour cent?
[レ・プリ・デ・トゥー・レザルティクル・ソン・レデュイ・ドゥ・トラント・プール・サン]
すべての商品の値段が30%値下げですか?

C'est moins quinze pour cent du prix normal?
[セ・モワン・カーンズ・プール・サン・デュ・プリ・ノルマル]
通常価格から15％引きですか？

【 le stock 】 [ル・ストック]　在庫安売り店

バーゲン時期に限らず、先シーズンの商品を安く売る店。パリでは14区アレジア通りに多く集まる。démarquage [デマルカージュ] (m.)、dégriffé [デグリフェ] (m.) とは、ブランドの表示を取り除いて安価に提供してくれるもので、バーゲン時の値下げ表示にも見られる。パリ郊外には、magasin d'usine [マガザン・ドゥズィーヌ] (m.) のアウトレットモールがある。

【 le dépôt-vente 】 [ル・デポ・ヴァント]　古着、古物屋

古着は vêtement d'occasion [ヴェトマン・ドカズィヨン] (*m.*)、seconde main [スゴンド・マン] (*f.*) などとも。ヴィンテージは vintage [ヴィンテージュ] (*m.*)。古物や古物屋は brocante [ブロカント] (*f.*)、骨董屋は antiquaire [アンティケール] (*f.*)。お店によっては値引き交渉ができるところもある。

Pourriez-vous me faire une réduction?
[プリエ・ヴ・ム・フェール・ユンヌ・レデュクスィヨン]
値引きしてくださいますか？

免税手続きをする

フランスでの買い物にはすべて付加価値税、T.V.A.（Taxe à la valeur ajoutée）が19.6％課せられている（商品によって率は若干異なる）。ひとつの店で合計175ユーロ以上の商品を買った旅行者は、そのうちの一部が免税になり、お金が戻ってくるため申告しない手はない。ただ店によって合計金額、免税率、申告方法が異なるため、支払いをする前にしっかり確認しよう。

A partir de combien puis-je demander la détaxe?
[ア・パルティール・ドゥ・コンビヤン・ピュイ・ジュ・ドゥマンデ・ラ・デタクス]
いくらから免税をお願いできますか？

A partir de deux cents euros.
[ア・パルティール・ドゥ・ドゥー・サン・ユーロ]
200ユーロからです。

Le taux de détaxe est de combien ?
[ル・トー・ドゥ・デタクス・エ・ドゥ・コンビヤン]
免税率はどのくらいですか？

C'est quatorze pour cent.
[セ・カトルズ・プール・サン]
14％です。

Pourriez-vous détaxer?
[プリエ・ヴ・デタクセ]
免税にしてくださいますか？

Oui, bien sûr. Votre passeport, s'il vous plaît.
[ウィ、ビヤン・スュール。ヴォトル・パスポール、シル・ヴ・プレ]
ええ、もちろんです。パスポートをお願いします。

Remplissez ce dossier.
[ランプリセ・ス・ドスィエ]
この書類に記入してください。

Désolé, on ne détaxe pas à la boutique.
[デゾレ、オン・ヌ・デタクス・パ・ア・ラ・ブティック]
申し訳ありませんが、当店では免税手続きはしていません。

Je vous donne un dossier, vous faites vous-même la demande à l'aéroporl.
[ジュ・ヴ・ドヌ・アン・ドスィエ、ヴ・フェット・ヴ・メム・ラ・ドゥマンド・ア・ラエロポール]
書類を渡しますので、ご自身で空港にて頼んでください。

【 la détaxe 】 [ラ・デタクス]　免税

オペラ座界隈でこの文字を見つけたら免税店ということ（tax freeと書いてあるところも多い）。ここでは手続きをしなくても、免税価格で買い物ができる。空港で手続きをする場合は、この文字の書かれたカウンターを探そう。店でもらった用紙、パスポート、航空券、買った品物を提出。

Détaxe, s'il vous plaît.
[デタクス、シル・ヴ・プレ]
免税お願いします。

ハンコを押して戻されたピンク色と緑色の紙のうち、ピンクの紙を店でもらった封筒に入れて空港のポストに投函する。控えの緑の紙は、返金を確認するまで大切に保管すること。現金で支払ったならば、3カ月以内にユーロ建ての小切手が送られてくるけれど、換金するのに手数料がかかる。クレジットカード払いならば、銀行に振り込まれるので便利。または支払いの際に頼んでみよう。

Vous pouvez rembourser par virement sur mon compte bancaire?
[ヴ・プヴェ・ランブルセ・パール・ヴィルマン・スュル・モン・コント・バンケール]
銀行口座振込みで返金してもらえますか？

間違えて買ってしまったら

会計をして商品を受け取る時に、中をちゃんとチェックするのは後のトラブルを避けるためにも大事。でも、うっかりしていて後で開けてみたら違う物が入っていた、または足りない物があったなんてことも。そんな時はレシートを持ってお店に戻るしかない。

J'ai acheté un pantalon hier. [ジェ・アシュテ・アン・パンタロン・イエール]
昨日、ズボンを買いました。

Ce n'est pas ce que je voulais. [ス・ネ・パ・ス・ク・ジュ・ヴレ]
これは欲しかったものではありません。

Je voulais celui en bleu. [ジュ・ヴレ・スリュイ・アン・ブルー]
ブルーのものが欲しかったのです。

Vous pouvez l'échanger contre celui en bleu?
[ヴ・プヴェ・レシャンジェ・コントル・スリュイ・アン・ブルー]
ブルーのものに換えていただけますか？

J'avais acheté un T-shirt aussi, mais il n'était pas dans le sac.
[ジャヴェ・アシュテ・アン・ティ・シュルト・オスィ、メ・イル・ネテ・パ・ダン・ル・サック]
Tシャツも買ったのに、袋の中に入っていませんでした。

はいてみたらサイズが合わなかったなんて時は、

Ce n'était pas ma taille. [ス・ネテ・パ・マ・ターイユ]
私のサイズではありませんでした。

Vous pouvez le changer pour un plus grand?
[ヴ・プヴェ・ル・シャンジェ・プール・アン・プリュ・グラン]
もっと大きいのに換えていただけますか？

Je voudrais le réessayer. [ジュ・ヴドレ・ル・レエセイエ]
再び試着したいです。

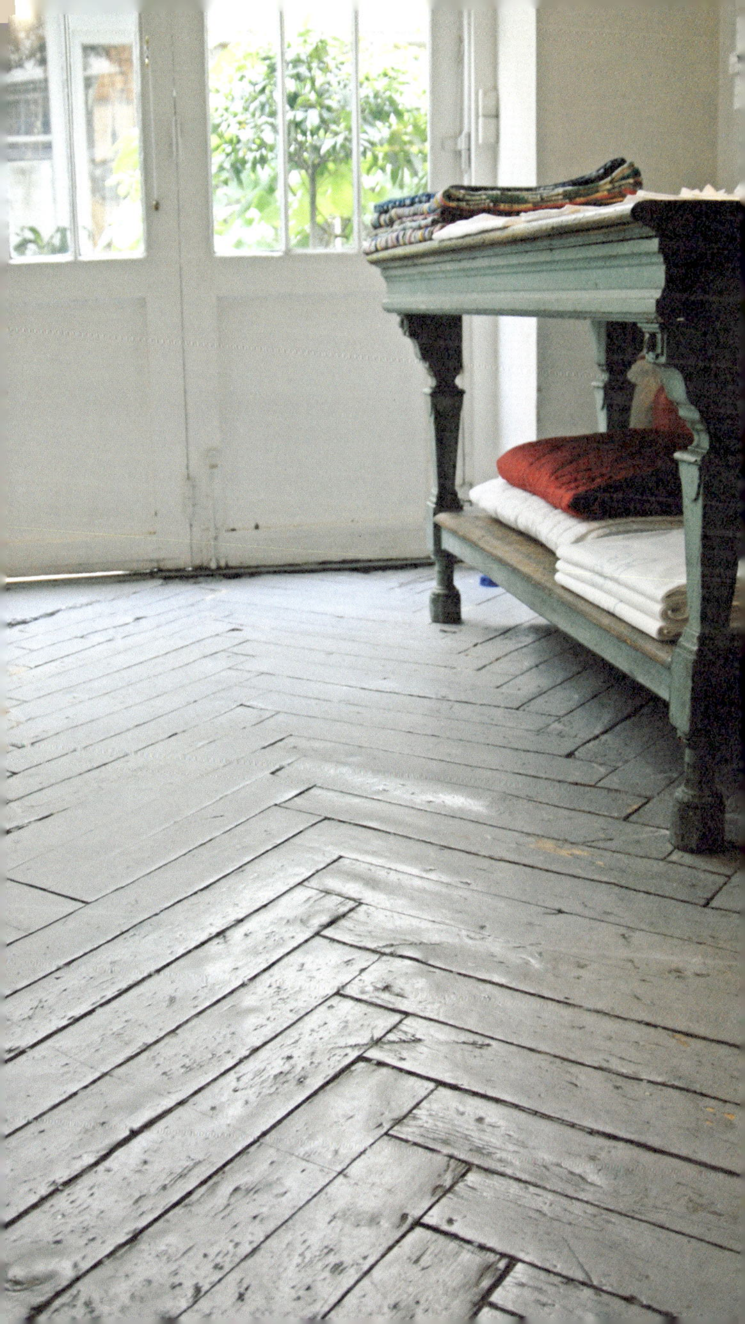

盗難に会わないために

パリはそんなに危ない街ではない。でも、見るからにアジアの旅行者がたくさんの買い物袋を持ってうろうろしていたら、犯罪者を呼び寄せる確立は非常に高くなるというもの。大金を持ち歩かない、すぐに掏られる場所に財布を入れておかないのは厳守。その他、せっかくの楽しいショッピングを嫌な思いで終わらせないために、注意したいこと。

Je n'ai pas besoin de sac.
[ジュ・ネ・パ・ブゾワン・ドゥ・サック]
袋はいりません。

Pourriez-vous le mettre avec ça?
[プリエ・ヴ・ル・メトル・アヴェク・サ]
それをこれと一緒に入れていただけますか?

Je le mets dans mon sac.
[ジュ・ル・メ・ダン・モン・サック]
自分のバッグに入れます。

ブランド名などの書いてある紙袋が目を引くひとつの要素。自分のバッグや大きい袋に、ひとつにまとめてもらった方が持って歩くにも楽。箱もいらなければ、Je n'ai pas besoin de boîte. [ジュ・ネ・パ・ブゾワン・ドゥ・ボワット]。でも記念に紙袋も欲しいならば、商品をバッグに入れてもらい、Je voudrais garder le sac. [ジュ・ヴドレ・ガルデ・ル・サック] と、袋ももらおう。

Pourriez-vous appeler un taxi?
[プリエ・ヴ・アプレ・アン・タクスィ]
タクシーを呼んでいただけますか?

Puis-je demander une livraison à l'hôtel?
[ピュイ・ジュ・ドゥマンデ・ユンヌ・リヴレゾン・ア・ロテル]
ホテルへの配達を頼むことができますか?

普通のお店ではさすがに難しいだろうけれど、高級ブランドでそれなりの値段のものを買ったのならば、頼んでみよう。高級品を買ったのだから、それ相当の気分でショッピングをスマートに楽しみたいもの。

それでも、盗難に会ってしまったら…。

Au voleur!
[オ・ヴォルール]
泥棒！

バッグをひったくられたのならば、大声で叫ぼう。勇気ある人がもしかしたら取り返してくれるかもしれない。でも深入りは禁物。ダメと分かったら、さっさと警察に届けるべし。

Où est le commissariat de police?
[ウ・エ・ル・コミサリア・ドゥ・ポリス]
警察署はどこですか？

Je voudrais faire une déclaration de vol.
[ジュ・ヴドレ・フェール・ユンヌ・デクララスィヨン・ドゥ・ヴォル]
盗難届けを出したいのですが。

On m'a volé mon portefeuille.
[オン マ・ヴォレ・モン・ポルトフィユ]
財布を盗まれました。

警察署は la police [ラ・ポリス] でもOK。パリの警察署には日本語訳のついた盗難届けがあるところもあるから、とりあえず行ってみよう。最悪の場合は日本大使館へ。

Ambassade du Japon
[アンバサード・デュ・ジャポン] (*f.*)
在仏日本大使館

7, avenue Hoche 75008
TEL 01 48 88 62 00

撮影協力店紹介

アトリエを併設している店や、パリらしい雰囲気のある店を厳選してみました。商品の質の高さはもちろんのこと、お店の人々の温かさもピカイチ。まずはこれらのショップから、フランス語の実践に訪れてみてはいかがでしょう?

※本書内の商品の写真は、物のイメージとして掲載しています。商品はない場合がありますので、ご了承ください。

P.022〜031
Khadi & Co
[カディ・アンド・コー]

37, rue Debelleyme 75003
TEL 01 42 74 71 32
khadiandco.com

インドの職人たちによって手織りされた上質で風合い豊かな布、"カディ"。それをデンマーク人のデザイナー、ベス・ニルセンによってシンプルでナチュラルな色合いのシャツやストール、リネン類に。使えば使うほど味わいが増し、手放せなくなることウケアイ。

P.032〜039
BAGHÈRE [バゲール]

17, rue de Tournon 75006
TEL 01 43 29 37 21
www.baghere.com

フランスで70年代に人気だった子供服ブランド、"プティ・フォーヌ"。その創始者、シルヴィーさんによって新たに立ち上げられたブランド。イギリスのリバティ社によるプリント生地を使った上品でシックな子供服は、ため息が出るほどのかわいらしさ。

P.040〜045
Karine Arabian
[カリーヌ・アラビアン]

4, rue Papillon 75009
TEL 01 45 23 23 24
www.karinearabian.com

こんな所にこんなシックな店がと思うほど、9区のはずれにあるのは、シャネルなどでデザイナーを務めたカリーヌ・アラビアンによる靴、バッグの店。計算尽くされた美しいシルエットのハイヒールなど、エレガントなアイテムは、女性らしさの演出にもってこい。

P.046〜053
Lili Cabas [リリー・カバ]

24, rue des Petites Ecuries
75010
lilicabas.com

毛皮の卸売店が多い下町の10区に忽然と現れる、パープル色のアトリエ兼店。デザイナーのガエルさんによって作り出される軽く機能的なバッグ類は、毎日活躍してくれるものばかり。パステル調のカラフルで豊富な色揃えからひとつを選び出すのは、至難の業。

P.054〜061
Dante & Maria
[ダント・エ・マリア]

3, rue de la grange aux belles
75010
TEL 01 70 22 62 13

ライトブルーに彩られたファサードに、淡い柔らかなトーンで統一された女の子らしい店内。4年前に独自のブランドを立ち上げたアニエスさんによる、1点1点手作りのシンプルなアクセサリーが並ぶ。どれも日常使いしたい、乙女心をくすぐるキュートなデザイン。

P.062〜069
MANUFACTURE COSMÉTIQUE
[マニュファクチュール・コスメティック]

78, rue de Vaugirard 75006
TEL 01 45 48 43 80
www.sergedestel.com

6区で長年人気のセルジュさんの美容室、SERGE D'ESTEL [セルジュ・デステル] が、オリジナルの化粧品を扱うショップを併設。地下のアトリエで作られる石けんは、25種類。オーガニックや天然素材を使った化粧品はシンプルな容器で売られ、ナチュラル感も満点。

P.070〜075
Parfum sur mesure
[パルファン・スュル・ムズュール]

52, rue de l'Université 75007
TEL 01 47 34 58 25
www.parfumsurmesure.com

黒いファサードに、リバティ生地の赤い花柄が全面に張られたかわいらしい内装のブティックでは、その名の通り香水のオーダーメイドができる。調香師のステファニーさんとのやり取りで生まれる、自分の好みに合った世界でひとつだけの香水を手に入れよう。

P.076〜083
MÉLODIES GRAPHIQUES
[メロディ・グラフィック]

10, rue du Pont Louis-Philippe 75004
TEL 01 42 74 57 68

パリでより海外での方が有名、と店主のエリックさんが話すほど、ガイドブックではお馴染みながら、今や少なくなったパリらしい雰囲気を残す店。エリックさんのお眼鏡にかなった、他ではなかなかお目にかかれない、質、デザインのよい文房具たちに長居を覚悟。

P.084〜091
La Croix & La Manière
[ラ・クロワ・エ・ラ・マニエール]

36, rue Faidherbe 75011
TEL 01 43 72 99 09
www.lacroixetlamaniere.com

自身の本を日本語訳でも出版されたモニックさんのクロスステッチ用品専門店。店の奥は作業場になっており、クロスステッチの教室が開かれたり、アイディアを交換できる場でも。クロスステッチで飾られたリネン類なども数多く扱い、創作意欲がかき立てられる。

P.092〜097
Vis-à-Vis
[ヴィザヴィ]

20, rue Saint-Nicolas 75012
TEL 01 46 28 56 56

パリらしい石畳の静かな中庭の奥にあるアトリエ・ショールーム。上質の布は、ダニーさん母娘によって手で刺繍を施し、品のよい高級リネンに生まれ変わる。小売りも可能だけれど、基本的にはプロ向けのショールームのため、冷やかしのみの来店はご遠慮を。

P.098〜105
Le petit atelier de Paris
[ル・プティ・アトリエ・ドゥ・パリ]

31, rue de Montmorency 75003
TEL 01 44 54 91 40
www.lepetitatelierdeparis.com

大きなガラス張りのファサードに木張りの床のシンプルな内装は、まさにパリのアトリエそのもの。中に並ぶのは若きアーティスト、ステファンさんとジェスさんが地下で作り出す、真っ白なかわいらしい磁器。温かみ溢れる手作りの歪な器は、大切に使ってあげたい。

著　者
酒巻 洋子（さかまき ようこ）
フリー編集ライター
女子美術大学デザイン科を卒業後、渡仏。パリの料理学校、ル・コルドン・ブルーに留学。帰国後、編集プロダクション、出版社勤務を経てフリーに。2003年再び、渡仏し、現在パリ郊外在住。ブログ「いつものパリ」http://paparis.exblog.jp/ にてパリのお散歩写真を公開中。著書に「パン屋さんのフランス語」「お散歩しながらフランス語」「カフェでフランス語」「お家でフランス語」「マルシェでフランス語」（以上すべて三修社）、「パリのマルシェのレシピ」（新紀元社）などがある。

Remerciements à la famille Péret pour leur aide à la réalisation de ce livre.

お買い物しながらフランス語

2009年11月15日　第1刷発行

著　者　酒巻洋子
発行者　前田俊秀
発行所　株式会社 三修社
　　　　〒150-0001 東京都渋谷区神宮前2-2-22
　　　　TEL 03-3405-4511　FAX 03-3405-4522
　　　　振替 00190-9-72758
　　　　http://www.sanshusha.co.jp/
　　　　編集担当　菊池 暁

印刷・製本　凸版印刷株式会社

装丁・本文デザイン　秋田康弘

© Yoko Sakamaki 2009 Printed in Japan
ISBN978-4-384-05563-4 C0085

Ⓡ＜日本複写権センター委託出版物＞
本書を無断で複写複製（コピー）することは、著作権法上の例外を除き、禁じられています。本書をコピーされる場合は、事前に日本複写権センター（JRRC）の許諾を受けてください。
JRRC〈http://www.jrrc.or.jp　e-mail: info@jrrc.or.jp　tel: 03-3401-2382〉